经管类专业虚拟仿真实验系列教材

通信运营商模拟经营实训教程

TONGXIN YUNYINGSHANG
MONI JINGYING
SHIXUN JIAOCHENG

武建军 主编　周青 副主编

Southwestern University of Finance & Economics Press
西南财经大学出版社

图书在版编目(CIP)数据

通信运营商模拟经营实训教程/武建军主编. —成都:西南财经大学出版社,2017.5

ISBN 978 - 7 - 5504 - 2972 - 7

Ⅰ.①通… Ⅱ.①武… Ⅲ.①移动通信—运营管理—计算机管理系统—教材 Ⅳ.①F626.12

中国版本图书馆 CIP 数据核字(2017)第 094466 号

通信运营商模拟经营实训教程

武建军 主编 周青 副主编

责任编辑:朱斐然
责任校对:白宇
装帧设计:穆志坚
责任印制:封俊川

出版发行	西南财经大学出版社(四川省成都市光华村街55号)
网 址	http://www.bookcj.com
电子邮件	bookcj@foxmail.com
邮政编码	610074
电 话	028 - 87353785 87352368
照 排	四川胜翔数码印务设计有限公司
印 刷	四川五洲彩印有限责任公司
成品尺寸	185mm×260mm
印 张	9.75
字 数	210 千字
版 次	2015 年 5 月第 1 版
印 次	2017 年 5 月第 1 次印刷
书 号	ISBN 978 - 7 - 5504 - 2972 - 7
定 价	29.80 元

1. 版权所有,翻印必究。
2. 如有印刷、装订等差错,可向本社营销部调换。
3. 本书封底无本社数码防伪标识,不得销售。

经管类专业虚拟仿真实验系列教材
编 委 会

主　任：林金朝

副主任：万晓榆　卢安文　张　鹏　胡学刚　刘　进

委　员（以姓氏笔画为序）：

　　　　　龙　伟　付德强　吕小宇　任志霞　刘雪艳

　　　　　刘丽玲　杜茂康　李　艳　何建洪　何郑涛

　　　　　张　洪　陈奇志　陈家佳　武建军　罗文龙

　　　　　周玉敏　周　青　胡大权　胡　晓　姜　林

　　　　　袁　野　黄蜀江　樊自甫　蹇　洁

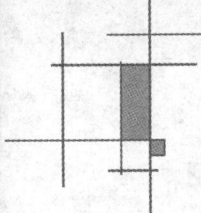

总 序

实践教学是高校实现人才培养目标的重要环节，对形成学生的专业素养，养成学生的创新习惯，提高学生的综合素质具有不可替代的重要作用。加强和改进实践教学环节是促进高等教育方式改革的内在要求，是培养适应社会经济发展需要的创新创业人才的重要举措，是提高本科教育教学质量的突破口。

信息通信技术（ICT）的融合和发展推动了知识社会以科学2.0、技术2.0和管理2.0三者相互作用为创新引擎的创新新业态（创新2.0）。创新2.0以个性创新、开放创新、大众创新、协同创新为特征，不断深刻地影响和改变着社会形态以及人们的生活方式、学习模式、工作方法和组织形式。随着国家创新驱动发展战略的深入实施，高等学校的人才培养模式必须与之相适应，应主动将"创新创业教育"融入人才培养的全过程，应主动面向"互联网+"不断丰富专业建设内涵、优化专业培养方案。

"双创教育"为经济管理类专业建设带来了新的机遇与挑战。经济管理类专业建设一方面应使本专业培养的人才掌握系统的专门知识，具有良好的创新创业素质，具备较强的实际应用能力。另一方面，经济管理类专业建设还应主动服务于以"创新创业教育"为主要内容的相关专业的建设和发展。为了更好地做好包括师资建设、课程建设、资源建设、实验条件建设等内容的教学体系建设，教学内容、资源、方式、手段的信息化为经济管理类专业建设提供了有力的支撑。《国家中长期教育改革和发展规划纲要（2010—2020年）》提出："信息技术对教育发展具有革命性的影响，必须予以高度重视。"《教育信息化十年发展规划（2011—2020）》提出：推动信息技术和高等教育深度融合，建设优质数字化资源和共享环境，在2011—2020年建设1 500套虚拟仿真实训实验系统。经济管理类专业的应用性和实践性很强，其实践教学具有系统性、综合性、开放性、情景性、体验性、自主性、创新性等特征，实践教学平台、资源、方式的信息化和虚拟化有利于促进实践教学模式改革，有利于提升实践教学在专业教育中的效能。但是，与理工类专业相比，经济管理类专业实践教学体系的信息化和虚拟化起步较晚，全国高校已建的300个国家级虚拟仿真实验教学中心主要集中在理工医类专业。因此，为了实现传统的验证式、演示式实践教学向体验式、互动式的实践教学转变，将虚拟仿真技术运用于经济管理类专业的实践教学显得十分必要。

重庆邮电大学经济管理类专业实验中心在长期的实践教学过程中，依托学校的信息通信技术学科优势，不断提高信息化水平，积极探索经济管理类专业实践教学的建设与改革，形成了"两维度、三层次"的实践教学体系。在通识经济管理类人才培养的基础上，将信息技术与经济管理知识两个维度有效融合，按照管理基础能力、行业应用能力、综合创新能力三个层次,主要面向信息通信行业,培养具有较强信息技术能力的经济管理类高级人才。该中心2011年被评为"重庆市高等学校实验教学示范中心",2012年建成了重庆市高校第一个云教学实验平台——"商务智能与信息服务实验室"。2013年以来,该中心积极配合学校按照教育部及重庆市建设国家级虚拟仿真实验教学中心的相关规划,加强虚拟仿真环境建设,自主开发了"电信运营商组织营销决策系统""电信boss经营分析系统""企业信息分析与业务外包系统"三套大型虚拟仿真系统,同时购置了"企业经营管理综合仿真系统""商务智能系统"以及财会、金融、物流、人力资源、网络营销等专业的模拟仿真教学软件,搭建了功能完善的经济管理类专业虚拟化实践教学平台。

为了更好地发挥我校已建成的经济管理类专业虚拟实践教学平台在"创新创业教育"改革中的作用,在实践教学环节让学生在全仿真的企业环境中感受企业的生产运营过程,缩小课堂教学与实际应用的差距,需要一套系统规范的实验教材与之配套。因此,我们组织长期工作在教学一线、具有丰富实践教学经验和企业经历的教学和管理团队精心编写了系列化实验教材,并在此基础上进一步开发虚拟化仿真实践教学资源,以期形成完整的基于教育教学信息化的经济管理类专业的实践教学体系,使该体系在全面提升经济管理类专业学生的信息处理能力、决策支持能力和协同创新能力方面发挥更大的作用,同时更好地支持学校正实施的"以知识、能力、素质三位一体为人才培养目标,以创新创业教育改革为抓手,以全面教育教学信息化为支撑"的本科教学模式改革。各位参编人员广泛调研、认真研讨、严谨治学、勤勤恳恳,为该系列实验教材的出版付出了辛勤的努力,西南财经大学出版社为本系列实验教材的出版给予了鼎力支持,本系列实验教材的编写和出版获得了重庆市高校教学改革重点项目"面向信息行业的创新创业模拟实验区建设研究与实践(编号132004)"的资助,在此一并致谢!但是,由于本系列实验教材的编写和出版是对虚拟化经济管理类专业实践教学模式的探索,经济管理类专业的实践教学内涵本身还在不断地丰富和发展,加之出版时间仓促,编写团队的认知和水平有限,本系列实验教材难免存在一些不足,恳请同行和读者批评指正!

林金朝

二零一六年八月

目 录

1 前言 / 001
   1.1 实验要义 / 001
   1.2 实验课时安排 / 002
   1.3 运营商组织架构 / 003
   1.4 运营商部门职责 / 003
      1.4.1 客服部 / 003
      1.4.2 市场分析部 / 004
      1.4.3 审计部 / 005
      1.4.4 工程服务部 / 005
      1.4.5 市场推广部 / 005
      1.4.6 业务策划部 / 006
      1.4.7 增值业务部 / 006
   1.5 金融政府部门职责 / 006
      1.5.1 通信管理局 / 006
      1.5.2 银行 / 006
      1.5.3 工商局 / 007
      1.5.4 会计事务所 / 007
      1.5.5 公安局 / 007
      1.5.6 税务局 / 007
      1.5.7 职业介绍所 / 008
   1.6 外围公司职责 / 008
      1.6.1 电信设备制造商 / 008
      1.6.2 广告代理商 / 008
      1.6.3 渠道代理商 / 009
   1.7 实验平台 / 009

2 实验一 角色分配 / 010
   2.1 实验目的 / 010
   2.2 知识准备 / 010

2.2.1　角色划分　/ 010
　　　2.2.2　用户角色职责说明　/ 011
　　　2.2.3　基本参数说明　/ 022
　2.3　实验准备　/ 025
　　　2.3.1　实验教师　/ 025
　　　2.3.2　实验学生　/ 035
　2.4　实验内容及步骤　/ 036
　　　2.4.1　角色分配　/ 036
　　　2.4.2　人员角色转岗　/ 040
　2.5　问题思考　/ 041
　2.6　实验报告要求　/ 041

3　实验二 运营商市场运营模式　/ 043

　3.1　实验目的　/ 043
　3.2　知识准备　/ 043
　　　3.2.1　运营商的主要运营流程　/ 043
　　　3.2.2　营销影响范围和区域　/ 048
　3.3　实验准备　/ 049
　　　3.3.1　实验教师　/ 049
　　　3.3.2　实验学生　/ 054
　3.4　实验内容及步骤　/ 055
　　　3.4.1　套餐业务产品的制定　/ 055
　　　3.4.2　设备制造　/ 061
　　　3.4.3　设备购买　/ 063
　　　3.4.4　广告制作流程和渠道推广　/ 068
　　　3.4.5　营业厅创建　/ 075
　　　3.4.6　客户分层和客服中心创建　/ 077
　3.5　问题思考　/ 079
　3.6　实验报告要求　/ 079

4 实验三 增值业务提供商创业流程 /081

- 4.1 实验目的 /081
- 4.2 知识准备 /081
  - 4.2.1 增值电信业务 /081
  - 4.2.2 增值业务提供商 /082
  - 4.2.3 增值业务提供商创业流程 /083
- 4.3 实验准备 /084
  - 4.3.1 实验教师 /084
  - 4.3.2 实验学生 /088
- 4.4 实验内容及步骤 /088
  - 4.4.1 创业计划书的编写 /088
  - 4.4.2 增值业务提供商的创建 /089
- 4.5 问题思考 /100
- 4.6 实验报告要求 /100

5 实验四 增值业务提供商运营模式 /102

- 5.1 实验目的 /102
- 5.2 知识准备 /102
  - 5.2.1 合作模式 /102
  - 5.2.2 业务分成 /102
  - 5.2.3 增值业务流程图 /103
  - 5.2.4 增值业务提供商市场运营流程图 /104
- 5.3 实验准备 /105
  - 5.3.1 实验教师 /105
  - 5.3.2 实验学生 /109
- 5.4 实验内容及步骤 /109
  - 5.4.1 增值业务产品的制定 /109
  - 5.4.2 增值业务营销推广 /112
  - 5.4.3 增值业务与运营商接入 /119

5.5 问题思考 / 122
5.6 实验报告要求 / 122

6 实验五 综合市场运营对抗模式 / 123
6.1 实验目的 / 123
6.2 知识准备 / 124
 6.2.1 运营商套餐类业务的运营准备和流程 / 124
 6.2.2 运营商的竞争策略 / 126
6.3 实验准备 / 128
 6.3.1 实验教师 / 128
 6.3.2 实验学生 / 132
6.4 实验内容及步骤 / 133
 6.4.1 市场调研 / 133
 6.4.2 产品的市场分析 / 140
 6.4.3 公告管理员发布公告 / 143
 6.4.4 重大事件的发布和查看 / 145
 6.4.5 运营商制定竞争策略 / 146
 6.4.6 增值业务提供商制定竞争策略 / 147
6.5 问题思考 / 148
6.6 实验报告要求 / 148

1 前言

1.1 实验要义

通信运营商模拟经营实训是社会针对通信信息领域技术管理和信息管理人才培养需求提出的，符合运营商对信息管理人才的需求。根据实验项目的体系构想，通信运营商模拟经营实训以企业信息分析与业务外包教学平台为用户市场仿真环境，以外部环境模拟平台为环境的业务外包和运营的大场景，让学生、教师以及研究人员都能寻求到自己的需求和着力点，在互动、仿真的情况下完成各自的任务。主要实现以下模拟过程：

(1) 外包企业经营模拟。

外包企业经营模拟主要是模拟实现电信行业产业链中外包企业及其他相关外包企业的管理、研发、策划、市场拓展等方面的经营节点，让学生通过仿真环境熟悉和掌握外包企业的创业模式、业务经营方式、业务拓展、市场开发、业务转包以及上市等企业市场经营行为，同时通过不同外包企业之间的仿真对抗，以市场为导向，让学生真实地体会企业市场行为、商业行为、运作模式和盈利模式。

(2) 运营商业务管理过程模拟。

运营商业务管理过程模拟的主要内容是仿真电信运营商内部主要职能部门运营与相关运维支撑部门的工作内容，并根据实验需求情况设置了数个岗位，让学生可以通过模拟窗口学习运营商业务管理和日常运营的整个体系。同时模拟出了电信行业终端在网用户消费和使用各种增值产品、增值业务、外包业务的行为和结果；根据学生在模拟窗口中的各种互动，模拟出了学生各种市场营销、推广、业务外包运营等实验的市场活动行为带来的终端用户和市场情况的变化和结果。

(3) 外部环境模拟。

外部环境是运营商与外包企业进行业务交互、资金交互和信息交互的必备条件。主要包括政务环境、商务环境和金融环境几大类。

(4) 企业信息分析与业务市场仿真模拟。

企业信息分析与业务市场仿真模拟包含两个方面：其一是模拟外包业务中的市场仿真数据，设置和调整业务运行中的相关参数，以适时体现学生在外包业务模拟过程中的市场环境变化情况（如业务运营的宏观环境变化情况、对其他相关业务的影响）。其二是使学生对外包企业、运营商和外部环境几者之间业务往来时的信息流进行分析与处理，并对学生在信息系统开发的流程、方法、技术和管理等方面进行系统训练。

通过通信运营商模拟经营实训，可以达到以下目的：

（1）通过学习，理解和掌握各运营商的组织构架及构架内的各种角色的主要职责，掌握通信行业的行业背景知识。

（2）通过学习和实验，理解和掌握各运营商内部各部门的主要工作职责和工作流程，掌握各运营商的工作方式。

（3）通过学习和实验，理解和掌握通信行业内对整个市场的重要影响因素的种类、影响大小、影响的领域等。通过对相关影响因素的分析，理解和掌握通信行业的市场环境。

（4）结合所学的经营管理知识和通信行业知识，分析市场因素，制定通信行业的经营目标和策略，从而引导学生掌握科学的思维方法，培养学生综合分析问题和解决问题的能力。

（5）学生可以将自己制定的经营策略，通过运营商经营管理系统来模拟采取不同的具体措施以实施。这培养了学生将思想转变为行动，将点子转换为产品的理念和能力。并进一步加强学生对通信行业的市场环境、影响因素、工作职责和流程的掌握。

（6）学生实施完经营的措施后，可以得到其经营结果。学生通过从不同角度对经营结果的分析找出存在的问题，做出经营策略的调整方案，进一步提高综合分析问题和解决问题的能力。

（7）通过模拟不同运营商，采取各自的运营策略，进行对抗。对抗可以采取独立对抗和联合对抗的方式。通过对抗的方式，提高学生的学习积极性，培养学生的团队合作能力，感受市场的激烈竞争情况。使学生实际运用所学知识，将知识转化为实际的策略行动，并真实感受策略的效果。

（8）教师可以调整系统参数，对市场的影响因素和市场数据进行研究和分析，实现创新的高层次要求。

1.2 实验课时安排

本项目计划安排 16 课时，共计 720 分钟。具体安排情况如图 1-1 所示。
内容和课时分配如下：

（1）了解实验课程安排情况、各角色职责和角色分配情况，以及对系统基本参数进行了解和掌握，计划安排 2 学时。

（2）熟悉和掌握运营商市场运营情况，计划安排 2 学时。

（3）熟悉和掌握增值业务提供商创业和运营的情况，计划安排 4 学时，分 2 次课进行。

（4）各运营商对抗的综合实验。计划安排 8 学时，分 2 次课进行。

图 1-1 实验安排

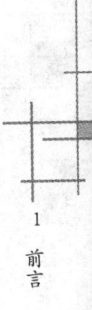

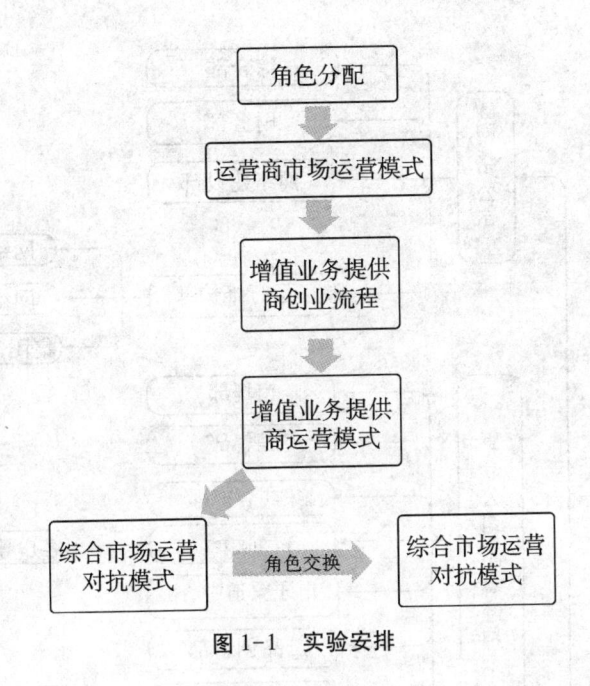

1.3 运营商组织架构

组织架构犹如一个肌体的骨骼系统,骨骼系统健全是肌体正常运行的保障。一般的组织架构包括基本的职能管理部门以及面向客户和业务的前后端部门。前者如综合部、人力资源部、财务部等,这些部门在任何类型的公司都普遍存在,后者一般根据公司的业务性质而定,并且会随着公司业务运营的调整而发生改变。近年来,三大运营商纷纷调整了组织结构,一个基本的方向就是从产品导向型向客户导向型转变。运营商组织架构图如图 1-2 所示。

1.4 运营商部门职责

1.4.1 客服部

客服部进行客户分层和市场经营数据分层,主要职责包括:
(1) 为顾客投诉提供便利的渠道;
(2) 对投诉进行迅速有效的处理;
(3) 对投诉原因进行最彻底的分析。
客服部还要进行资料整理和资料处理的工作,具体工作如下:
资料整理:客服专员将提取的客户信息档案递交客服主管,由客服主管安排信息汇总,并进行分析分类,分派专人管理各类资料,并要求每日及时更新,避免遗漏。
资料处理:客服主管按照负责客户数量均衡、兼顾业务能力的原则,将资料分配给相关客服专员。客服专员应在一周内与自己负责的客户进行沟通,并做详细备案。

图 1-2 运营商组织架构图

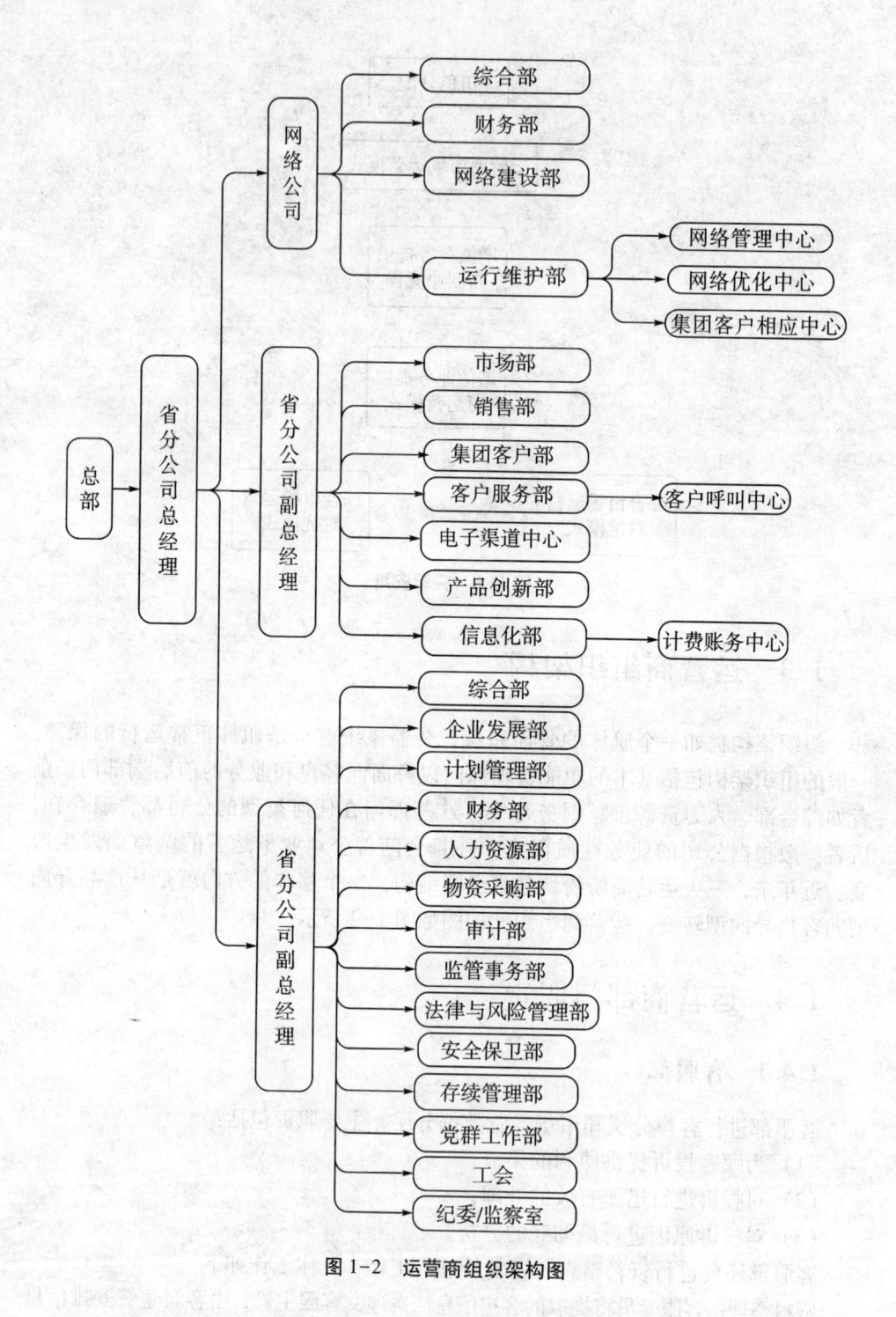

1.4.2 市场分析部

市场分析部通过对市场数据进行调研，可以做出对投资回报率（ROI）和波特五力的分析，再根据分析结果，做出相应的分析判断。

（1）投资回报率（ROI）。

投资回报率（ROI）是指通过投资而应返回的价值，企业从一项投资性商业活动的投资中得到的经济回报。它涵盖了企业的获利目标，利润和投入的经营所必备的财产相关，因为管理人员必须通过投资和现有财产获得利润。投资回报率的计算公式为：

投资回报率（ROI）＝年利润或年均利润/投资总额×100%

从上式可以看出，企业可以通过降低销售成本，提高利润率；提高资产利用效率来提高投资回报率。投资回报率（ROI）的优点是计算简单；缺点是没有考虑资金、时间、价值因素，不能正确反映建设期长短及投资方式不同和回收额的有无对项目的影响，分子、分母计算口径的可比性较差无法直接利用净现金流量信息。只有投资利润率指标大于或等于无风险投资利润率的投资项目，才具有财务可行性。投资回报率（ROI）往往具有时效性——回报通常是基于某些特定年份。

（2）波特五力。

五力分析模型是迈克尔·波特（Michael Porter）于20世纪80年代初提出的，对企业战略制定产生全球性的深远影响。用于竞争战略的分析，可以有效地分析客户的竞争环境。五力分别是：供应商的讨价还价能力、购买者的讨价还价能力、潜在竞争者进入的能力、替代品的替代能力、行业内竞争者现在的竞争能力。

1.4.3 审计部

审计部完成对各种计划的核查审计：
（1）组织并安排进行公司的项目审定。
（2）组织并安排进行公司的设备购买审定。
（3）组织并安排进行公司的推广审定。
（4）组织并安排进行公司的建立营业厅审定。
（5）组织并安排进行公司的客服部审定。

1.4.4 工程服务部

工程服务部属于后端服务部门，负责编制网络建设实施方案并组织工程项目具体实施和负责全过程管理，负责进行设备采购和设备维护，负责工程结算及转固工作，负责实施客户群部门项目响应，负责售前资源确认、售中管控及技术支撑，协调后端各部门进行业务资源调度、业务开通和业务交付。

1.4.5 市场推广部

市场推广部负责对产品进行推广，职责具体包括：
（1）负责公司营业项目的销售计划的制订；
（2）广告策划；
（3）对外广告、销售、促销活动文案拟订，监督、执行；
（4）渠道推广；

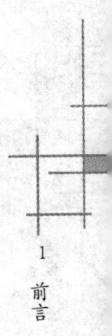

（5）分析活动内容成效及预算计算。

1.4.6 业务策划部

业务策划部负责对运营商产品（即套餐）进行设计，对需要发布的产品进行备案。

运营商的产品是指把语音、数据和流量等业务打包，并标定价格销售给终端用户的套餐。产品是整个营销中最基本最核心的因素，是联系运营商与用户的桥梁。

产品策划也称商品企划，是指企业对原有产品及其组合的诊断和对新产品及其组合的有关决策，以达到相应的策划目标。其涉及产品开发、上市、销售至报废的全过程的活动及方案。

1.4.7 增值业务部

增值业务部需要从增值业务提供商中，选取较好的增值业务产品进行接入以获得收益。在产品接入过程中，增值业务部需要对产品进行评估，并确定分成比例，以便给公司创造最大的价值。

1.5 金融政府部门职责

1.5.1 通信管理局

通信管理局是省级行政区域内通信行业的主管部门，实行信息产业部与省人民政府双重领导，以信息产业部为主的管理体制。通信管理局的主要工作职责为：

（1）贯彻执行国家关于电信行业管理的方针政策和法律、法规，对本地区公用电信网、专用电信网实行统筹规划与行业管理；

（2）负责受理、核发本地区电信业务经营许可证，电信设备进网管理，会同地方价格管理部门和质量技术监督部门监督、管理本地区的电信服务价格与服务质量；

（3）保证公用电信网的互联互通和公平接入，协调电信企业之间的经济与业务关系；

（4）根据授权，负责电信网码号及其他公共电信资源的分配与管理；

（5）组织协调通信与信息安全、党政专用通信和应急通信工作等；

（6）承办工业和信息化部交办的其他工作。

1.5.2 银行

银行是通过存款、贷款、汇兑、储蓄等业务，承担信用中介的金融机构。银行是金融机构之一，而且是最主要的金融机构，它主要的业务范围有吸收公众存款、发放贷款以及办理票据贴现等。

1.5.3 工商局

工商局全称工商行政管理局,是政府主管市场监管和行政执法的工作部门。主要职责为:

(1) 市场监督管理和行政执法。

负责市场监督管理和行政执法的有关工作,起草有关法律法规草案,制定工商行政管理规章和政策。

(2) 市场主体的登记注册与监督管理。

负责各类企业、农民专业合作社和从事经营活动的单位、个人以及外国(地区)企业常驻代表机构等市场主体的登记注册与监督管理,承担依法查处、取缔无照经营的责任。

(3) 依法规范和维护各类市场经营秩序。

承担依法规范和维护各类市场经营秩序的责任,负责监督管理市场交易行为和网络商品交易及有关服务的行为。

(4) 监督管理流通领域商品质量。

承担监督管理流通领域商品质量和流通环节食品安全的责任,组织开展有关服务领域消费维权工作,按分工查处假冒伪劣等违法行为,指导消费者咨询、申诉、举报受理、处理和网络体系建设等工作,保护经营者、消费者合法权益。

1.5.4 会计事务所

会计事务所指依法独立承担注册会计师业务的中介服务机构,是由有一定会计专业水平、经考核取得证书的会计师(如中国的注册会计师、美国的执业会计师、英国的特许会计师、日本的公认会计师等)组成的,受当事人委托承办有关审计、会计、咨询、税务等方面业务的组织。中国对从事证券相关业务的会计师事务所和注册会计师实行许可证管理制度。

1.5.5 公安局

公安局是公安机关的组织形式,是主管公安工作的政府部门。

公安局按级别通常有:直辖市公安局、省会城市公安局、地级市公安局、县级公安局,除县级公安局外,前几者均可按城市的区下分区分局。特定公安局一般受所在地政府领导,受上级公安厅、局指导。公安机关的最高部门是公安部,指导全国公安工作,包括所有各级公安局。

1.5.6 税务局

国家税务总局,是国务院主管税收工作的直属机构。主要职责有:

(1) 拟定税收法律法规草案,制定实施细则;提出国家税收政策建议并与财政部共同审议上报、制定相关措施。

(2) 参与研究宏观经济政策、中央与地方的税权划分,提出完善分税制的建议;研究税负总水平,提出运用税收手段进行宏观调控的建议;制定并监督执行

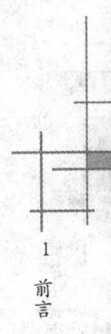

税收业务的规章制度；指导地方税收征管业务。

（3）组织实施税收征收管理体制改革；制定征收管理制度；监督检查税收法律法规、方针政策的贯彻执行。

（4）组织实施中央税、共享税、农业税及国家指定的基金（费）的征收管理；编报税收长远规划和年度税收收入计划；对税收法律法规执行过程中的征管和一般性税政问题进行解释；组织办理工商税收减免及农业税特大灾歉减免等具体事项。

（5）开展税收领域的国际交流与合作；参加涉外税收的国际谈判，草签和执行有关的协议、协定。

（6）办理进出口商品的税收及出口退税业务。

（7）管理国家税务局系统（以下简称国税系统）的人事、劳动工资、机构编制和经费；管理省级国家税务局的正副局长及相应级别的干部，对省级地方税务局局长的任免提出意见。

（8）负责税务队伍的教育培训、思想政治工作和精神文明建设；管理直属院校。

（9）组织税收宣传和理论研究；组织实施注册税务师的管理；规范税务代理行为。

（10）承办国务院交办的其他事项。

1.5.7 职业介绍所

职业介绍所是为失业人员介绍就业的机构。又称失业介绍所、劳动介绍所。任务是进行就业登记，掌握劳动力资源，介绍、安排劳动力就业，监督劳动者与用人单位双方共同遵守劳动合同和协议，对闲散劳动力进行组织、管理、业务技术培训和政治思想教育。

1.6 外围公司职责

1.6.1 电信设备制造商

电信设备制造商就是指研发、生产、维护电信设备的企业。任何通过电子技术进行信息交换的设备都可以称作电信设备。当然由于手段多样，电信设备包含了很多种，具体情况具体分析。中国有华为、中兴通讯、大唐等电信设备制造商。电信设备制造商作为运营商的设备供应商，为运营商生产各种电信设备，包括手机、交换机、路由器等设备，并供应给运营商。

1.6.2 广告代理商

广告代理商俗称"广告公司"，即《中华人民共和国广告法》中所称的广告经营者，一般设有许多职能和业务部门。广告经营者接受广告主或广告发布者委托，从事广告市场调查、广告信息咨询、企业形象策划、广告战略策划、广告媒介安排等经营活动。广告代理商可以代表各种不同的广告主或销售商去购买各种媒体的广告时间和空间，以确定客户产品和服务的目标消费者；广告客户是广告活动的直接投资者，是广告代理商的收入来源；两者的关系实质上是一种经济关系。

1.6.3 渠道代理商

渠道代理商指负责各种广告的发布的渠道代理公司，渠道代理公司接受广告发布者的委托，选择合适的发布渠道，并进行广告发布，发布渠道包括电视、报纸、互联网等。

1.7 实验平台

本课程所有实验项目均依托于重庆邮电大学企业信息分析与业务外包教学平台（以下简称实验教学平台），该教学平台通过对运营商的经营过程以及增值业务提供商的创业和经营过程的调研分析，结合学校的教学需求，定制开发了一套模拟软件。该教学平台可以对运营商及其相关企业或合作伙伴进行模拟，并实现运营商以及增值业务商之间对抗过程的仿真模拟，使学生通过该实验平台可以体会到比较真实的竞争对抗过程，并了解通信行业的主要特点，为以后的工作奠定基础。

该教学平台的网站是 http://172.22.4.71:8086/online（此地址由系统服务器地址决定），登录后操作界面如图1-3所示。

图1-3 实验平台

2 实验一 角色分配

2.1 实验目的

(1) 了解整个课程的教学安排情况。
(2) 通过学习了解运营商的组织架构。
(3) 了解和掌握本系统各个角色职能和角色分配。
(4) 掌握系统设置的基本数据,为制定业务方案提供依据。

2.2 知识准备

2.2.1 角色划分

2.2.1.1 系统角色

按照权限划分,主要有系统管理员、教师管理员、教师、学生四种系统角色。系统管理员是系统超级用户,主要权限是创建教师管理员和教师,切换班级等;教师管理员的主要权限是创建教师;教师是主要的角色,其主要权限是创建学生账号,导入学生账号,分配学生的用户角色,设置系统参数和其他参数,设置实验时间等;学生是一般用户,可以被教师分配为下面的某种用户角色。

2.2.1.2 用户角色

用户角色是指学生在实验过程中具体扮演的角色或所在的工作岗位。所有学生按部门划分主要有以下角色:

运营商部门主要有业务策划、客服部、工程服务部、市场推广部、市场分析部、审计部、增值业务部(三大运营商:中国电信,中国移动,中国联通)。

职能部门主要有通信管理局、银行、工商局、会计事务所、公安局、税务局、公告管理员、职业介绍所。

外围公司主要有设备供应商(中兴通讯、华为、大唐),广告代理商(重庆杰力广告公司、重庆巨鹏广告公司、重庆商道广告公司),渠道代理商(正智渠道代理公司、优邦渠道代理公司、荣耀渠道代理公司)。

增值业务提供商主要负责对增值业务进行管理运营。

2.2.2 用户角色职责说明

2.2.2.1 运营商角色

- 业务策划部

产品是整个营销中最基本、最核心的因素，是联系运营商与用户的桥梁。业务策划部需要根据本运营商的经营策略，制定适当档次和价格的套餐产品，抢占用户和市场，帮助运营商做出更大的经营业绩。业务策划部的主界面如图2-1所示。其主要工作模式和流程如下：

创建产品计划→【运营商经理】审批→使用产品设计器设计→进行产品备案申请→【通信管理局】审批→产品发布。

产品是运营商获取用户的方式，没有发布产品则无法获得用户订购。丰富的产品层次将有助于获得各消费层的用户订购，但如果制定的套餐过多或产品价格有明显冲突，将带来相反效果。

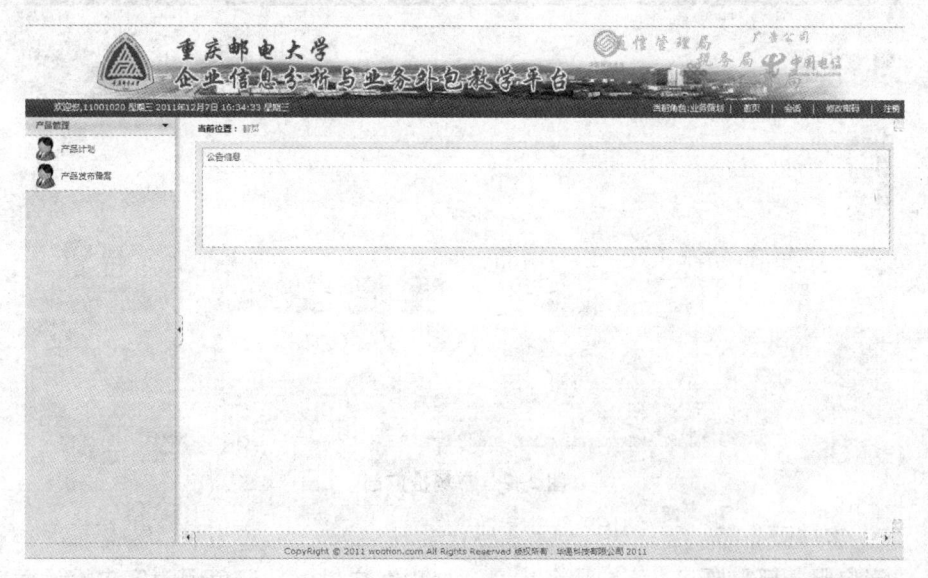

图2-1 业务策划部

- 市场推广部

市场推广部需要根据市场环境和策略，制订本运营商不同产品的营销推广计划，并建立不同渠道，保证更多的客户入网和更多的客户订购相关产品套餐。

市场推广部需要从多种广告渠道中选取合适的渠道，并以最低的价格设计制作好广告，并在渠道代理公司进行广告发布。市场推广部的主界面如图2-2所示。其主要工作模式和流程如下：

(1) 创建营销计划→【运营商经理】审批→制作广告→启动营销推广。

营销计划是对产品进行推广的计划，只有制订了营销计划才能实现产品推广，从而增加用户订购量。

(2) 广告管理→【广告商】设置价格→修改广告商→【广告商】设置价格→转

账→【广告商】收到账款后启动广告。

根据不同的广告等级和广告模式增加用户订购量。

（3）推广管理→【渠道商】设置价格→修改广告商→【渠道商】设置价格→转账→【渠道商】收到账款后启动推广。

（4）要求【业务策划部】创建捆绑类套餐，并督促其推进到发布环节→创建捆绑计划→【运营商经理】审批→督促【工程服务部】完成终端采购工作→【工程服务部】联系【设备提供商】制造手机事宜，洽谈档次、数量和价格→【设备提供商】进行生产→【设备提供商】标注价格→【工程服务部】进行采购→转账→【设备提供商】确认到账后开始发货到货。

（5）创建营业厅计划→【运营商经理】审批→创建营业厅（注意运营商营业厅数量不宜超过30家，在付费建造时，过多的营业厅将无资金建造）。

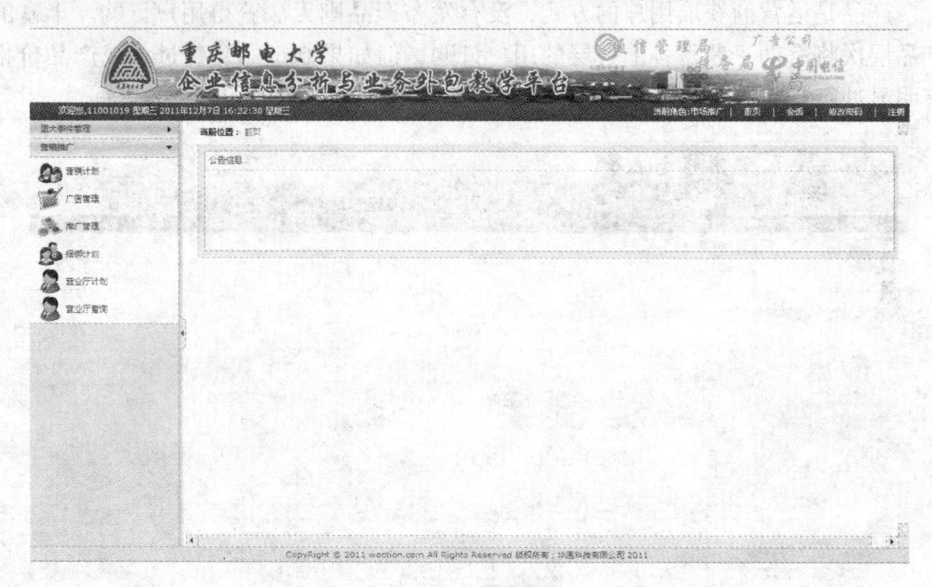

图 2-2 市场推广部

- 客户服务部

客户服务部需要建立客户服务中心，处理客户投诉，避免因为客户投诉而丧失客户。客户中心可以购买相关软件，对客户进行分层分析，根据分析为业务策划部门和营销部门提供产品设计和营销的支持。客服部的主界面如图 2-3 所示。其主要工作模式和流程如下：

（1）新增客户分层软件→【运营商经理】审批→督促【工程服务部】创建采购计划→【运营商经理】审批采购计划→督促【工程服务部】联系【设备提供商】商讨软件开发事宜，洽谈种类和价格→【设备提供商】进行开发→【设备提供商】标注价格→【工程服务部】进行采购→转账→【设备提供商】确认到账后进行安装到货。

为市场推广、营销策划提供精细的市场分析功能，每增加一款软件，企业制定的产品和套餐获得 0.5% 的用户订购量加成。

(2) 建设客服中心。

处理每月投诉，同时能够一定程度上减少用户投诉数量，提升运营商的信誉度，减少用户离网退订的情况发生。

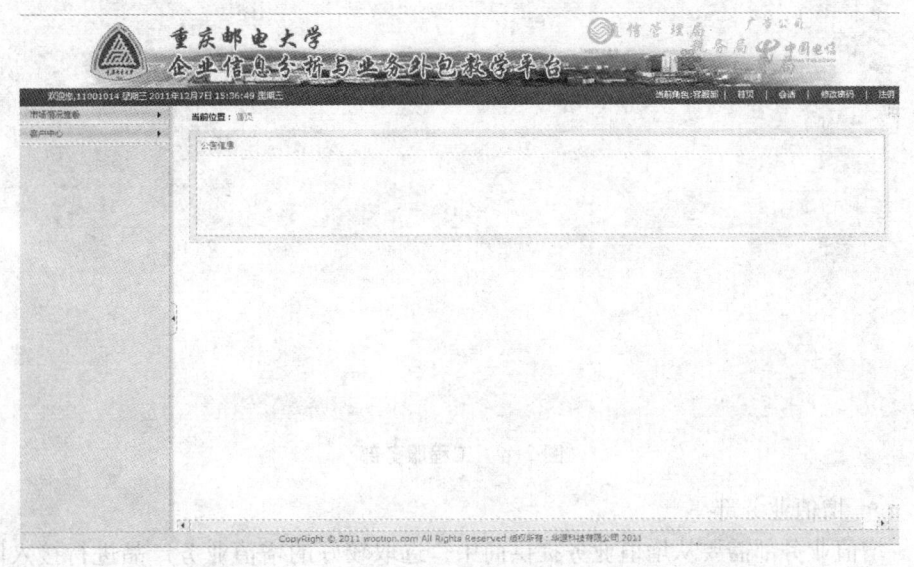

图2-3 客服中心

- 工程服务部

该部门为运营商各部门的支持部门，需要根据运营商内各部门的需要来采购硬件设备，并完成银行的转账和设备安装启用。工程服务部需要尽早联系设备生产商，尽快地以最低的价格获取需要的设备。工程服务部的主界面如图2-4所示。其主要工作模式和流程如下：

(1) 公司设备启用，对已购买并到货的设备进行启动。

分析型软件只有启用后才能够显示分析内容，为此后制订的营销计划进行效果加成。短信、彩信、彩铃的硬件接入设备只有启用后才会为相应的业务进行效果加成。

创建采购计划→【运营商经理】审批采购计划→联系【设备提供商】软件开发事宜，洽谈种类和价格→【设备提供商】进行开发→【设备提供商】标注价格→在系统中进行采购→转账→【设备提供商】确认到账后进行发货到货→对已购买的设备执行启动。

(2)【业务策划部】创建捆绑套餐，【市场推广部】创建捆绑计划→【工程服务部】在终端采购界面看到采购需求→联系【设备提供商】制造手机事宜，洽谈档次、数量和价格→【设备提供商】进行生产→【设备提供商】标注价格→【工程服务部】进行采购→转账→【设备提供商】确认到账后进行发货到货→【工程服务部】可在终端设备菜单中查看捆绑的销售情况。

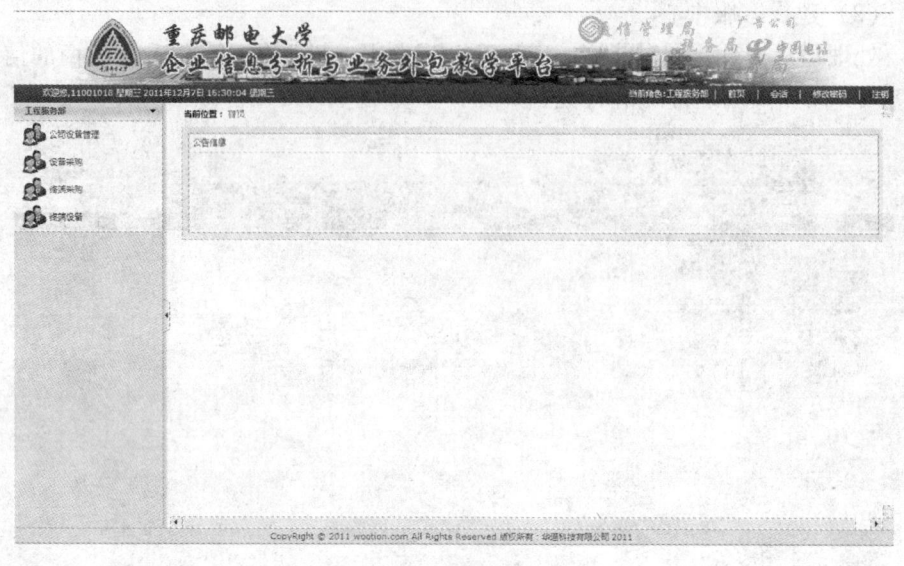

图 2-4 工程服务部

- 增值业务部

增值业务部需要从增值业务提供商中，选取较好的增值业务产品进行接入以获得收益。在产品接入过程中，增值业务部需要对产品进行评估，并确定分成比例，以便给公司创造最大的价值。增值业务部负责为增值业务运营商提供的相关产品提供接入号码，并与增值业务运营商洽谈分成比例。增值业务部的主界面如图 2-5 所示。其主要工作模式和流程如下：

启用增值业务。联系【增值业务公司】，督促其建立产品，洽谈产品名称、类型、价格和提成比例。

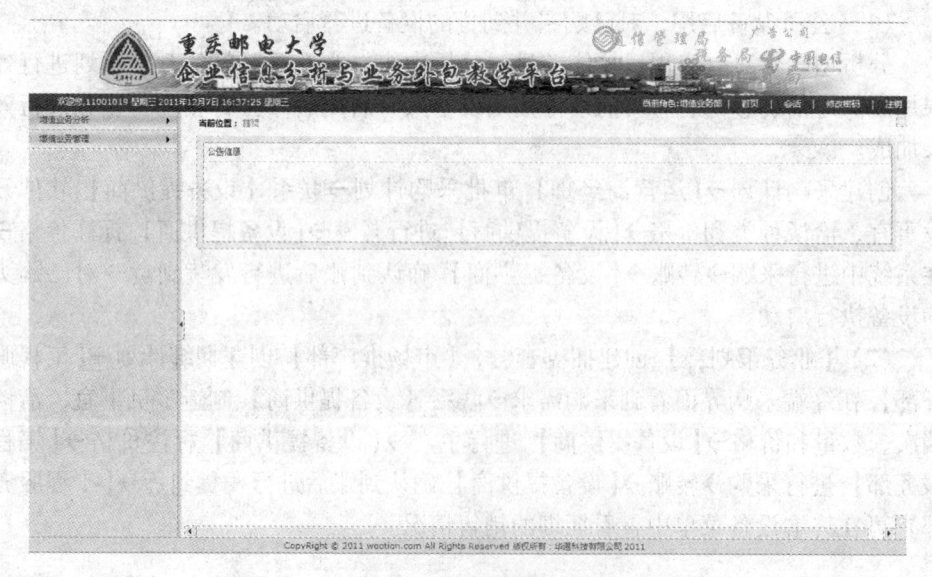

图 2-5 增值业务部

- 市场分析部

市场分析部需根据对市场环境的分析和了解，根据每月用户和营业收入报表的分析，制定运营商策略及修正。市场分析部的主界面如图2-6所示。其主要工作模式和流程如下：

（1）进行套餐分析，督促【客户服务部】新建客户分层软件后，才能完全使用该功能。

观察套餐的订购情况→将增长迅速的套餐和无人订购的套餐反馈给【业务策划部】→共同商议套餐的调整计划→【业务策划部】拟订新的套餐计划，并提交【运营商经理】审批。

（2）出具市场调查报告：通过对市场调研分析并结合产品、渠道、套餐分析中的同比情况，针对竞争对手和自身发展策略撰写市场调查报告，该报告将在刊物上发表，发表后其他业内公司也可查看。

发表市场调查报告的公司将获得用户订购数加成。

（3）进行产品分析，观察各种产品的增长率→将增长情况反馈给【业务策划部】→共同商议套餐的调整计划。

图2-6 市场分析部

- 审计部

组织完成运营商内部的产品计划评审、营销推广计划、设备采购计划评审、捆绑计划评审和营业厅计划评审。该角色一般由运营商的总经理担任，便于把控整个公司的业务走向。审计部的主界面如图2-7所示。

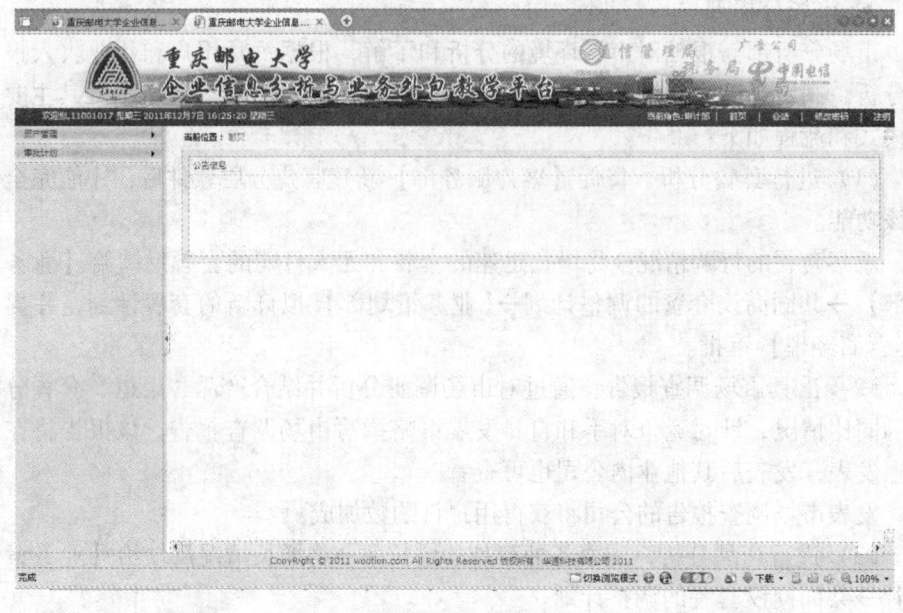

图 2-7 审计部

2.2.2.2 外围公司

• 设备制造商

设备制造商可以生产相关软硬件设备,并将设备销售给运营商和增值业务提供商以赚取利润。设备制造商需要根据自己的市场调研情况,适时进行设备的制造,以快速抢占市场。系统默认的设备制造商有中兴通信和华为。设备制造商的主界面如图2-8所示。其主要工作模式和流程如下:

(1)生产设备。应优先观察设备的生产周期,优先生产生产周期长的设备。

图 2-8 设备制造商

(2) 找寻业务。由于资金有限，生产设备需要成本，究竟是侧重种类丰富还是有的放矢需要设备制造商对自身资源进行分析。提示：可以靠种类丰富打开市场，也可以靠人脉关系，联系三家【运营商—工程服务部】，联系【增值业务公司】洽谈设备需求和数量，有的放矢地制造设备。

(3) 收款。注意在操作到货前，要与设备订购者【运营商】或【增值业务公司】一同到【银行】进行转账操作，确认到款后，再发货到货。

- 广告代理商

广告代理商可制作不同等级的广告，并将广告销售给运营商和增值业务提供商以赚取利润。广告代理商的主界面如图 2-9 所示。系统默认广告代理商有重庆杰力广告公司和重庆巨鹏广告公司，也可以根据需要创建其他广告代理商。工作模式和流程如下：

(1) 找寻业务。联系三家【运营商—市场推广部】，联系【增值业务公司】，洽谈广告意向。

(2) 收款。注意在操作到货前，要与广告订购者【运营商】或【增值业务公司】一同到【银行】进行转账操作，确认到款后，再启动推广。

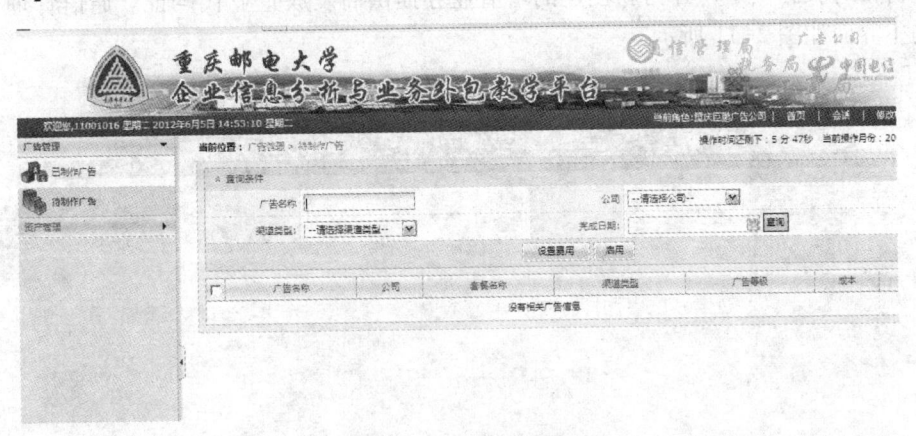

图 2-9　广告代理商

- 渠道代理商

渠道代理商可将运营商和增值业务提供商制作的广告以不同渠道投放到市场上以赚取利润。渠道代理商的主界面如图 2-10 所示。系统默认渠道代理商有正智渠道代理公司和优邦渠道代理公司，也可以根据需要创建其他渠道代理商。其主要工作模式和流程如下：

(1) 找寻业务。联系三家【运营商—市场推广部】，联系【增值业务公司】，洽谈推广意向。

(2) 合纵连横。发挥人脉关系，联系广告代理商，要求与广告代理商结盟，在广告代理和运营商或增值业务公司达成协议时捆绑使用本渠道进行推广。

(3) 收款。注意在操作到货前，要与推广者【运营商】或【增值业务公司】一同到【银行】进行转账操作，确认到款后，再启动推广。

图 2-10 渠道代理商

2.2.2.3 金融政府部门

- 通信管理局

通信运营商负责受理、核发本地区电信业务经营许可证和对电信设备进网进行管理，会同地方价格管理部门和质量技术监督部门监督、管理本地区的电信服务价格与服务质量，并为新创建的增值业务提供商发放企业代码证。通信管理局的主界面如图 2-11 所示。

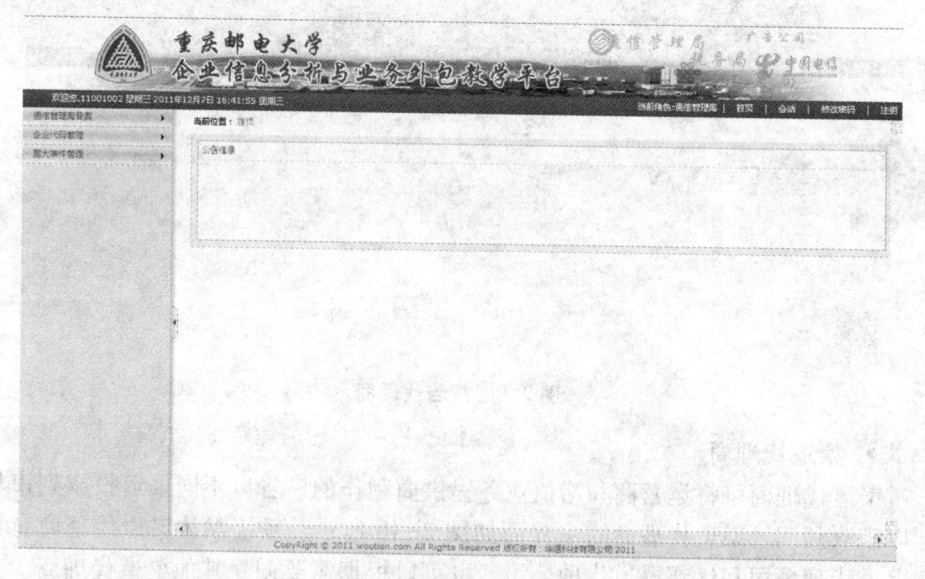

图 2-11 通信管理局

- 银行

银行主要是为运营商、外围公司和增值业务提供商提供账务查询和转账操作。并且银行需要为增值业务提供商在创业过程中提供银行询证函盖章。银行的主界面如图 2-12 所示。

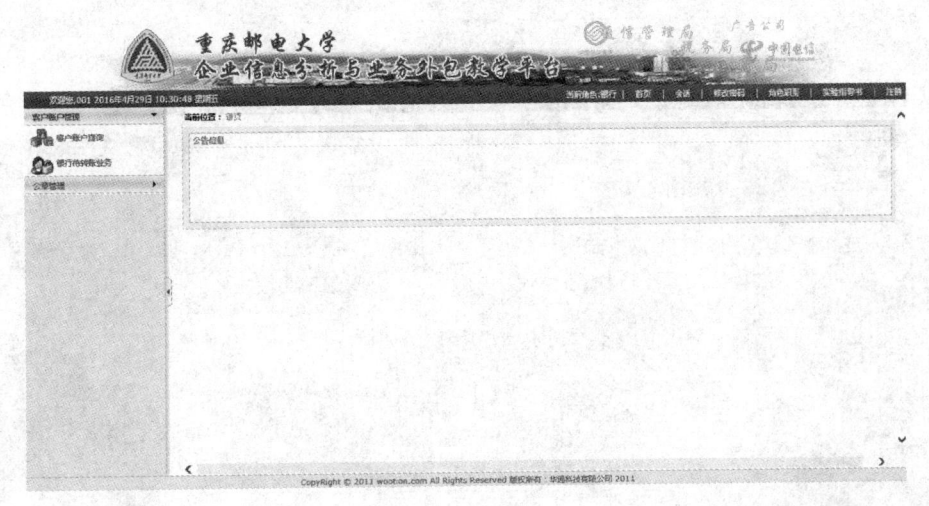

图 2-12　银行

- 税务局

税务局可以提供税务相关知识，并需要在增值业务提供商创业时对其进行税务登记。税务局的主界面如图 2-13 所示。

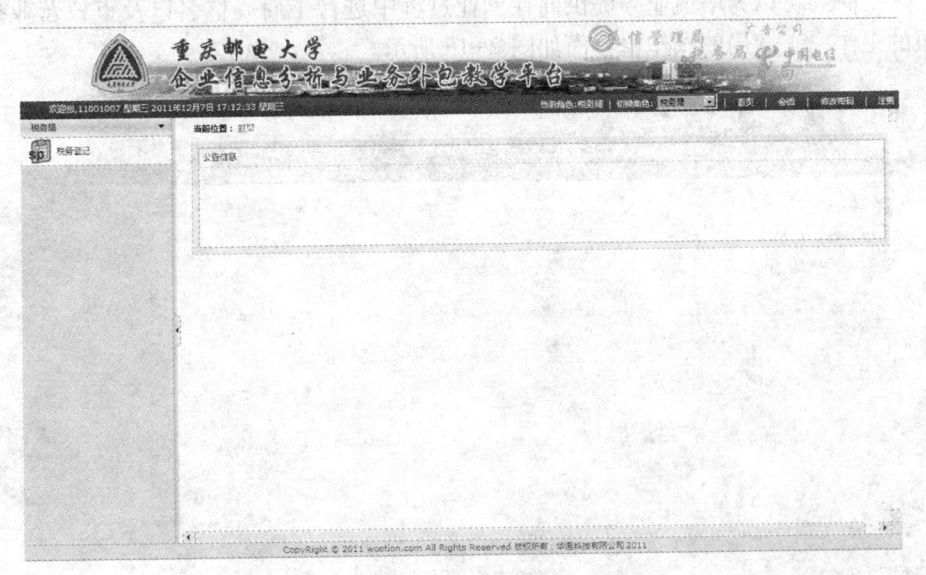

图 2-13　税务局

- 会计事务所

会计事务所可以为增值业务提供商在创业过程中提供资产审核服务以及银行询证函。会计事务所的主界面如图 2-14 所示。

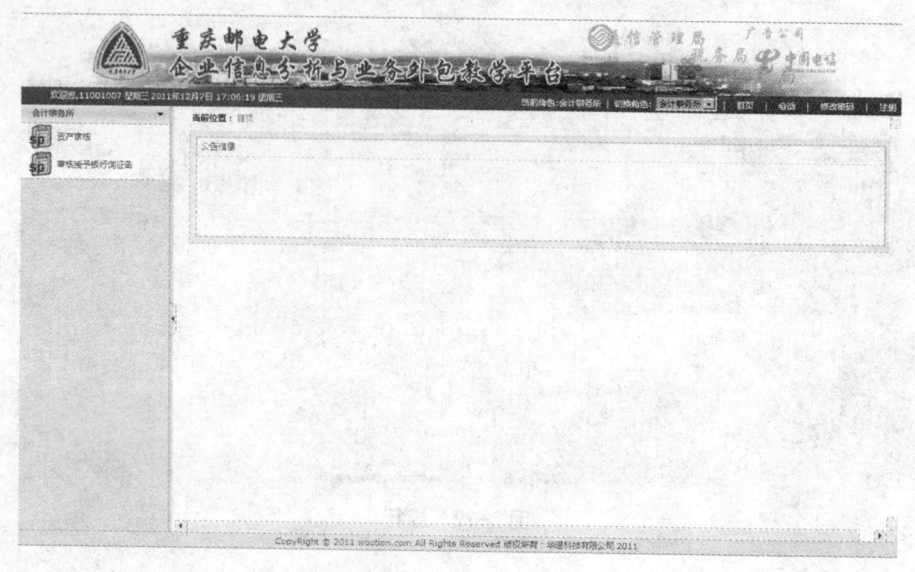

图 2-14　会计事务所

- 工商局

工商局可以为增值业务提供商在创业过程中进行工商局核名以及审核营业执照的工作。工商局的操作主界面如图 2-15 所示。

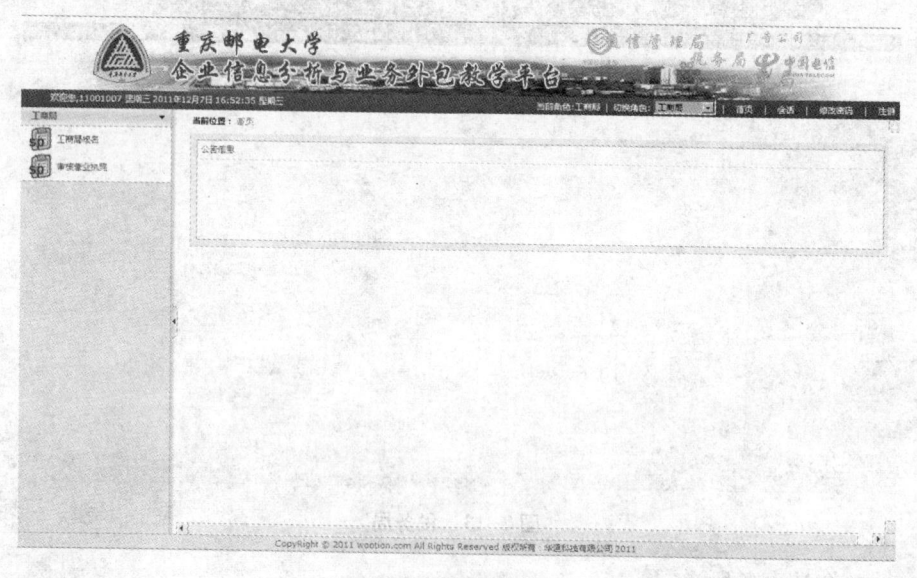

图 2-15　工商局

- 公安局

公安局可以为增值业务提供商在创业过程中办理公章。公安局的主界面如图 2-16 所示。

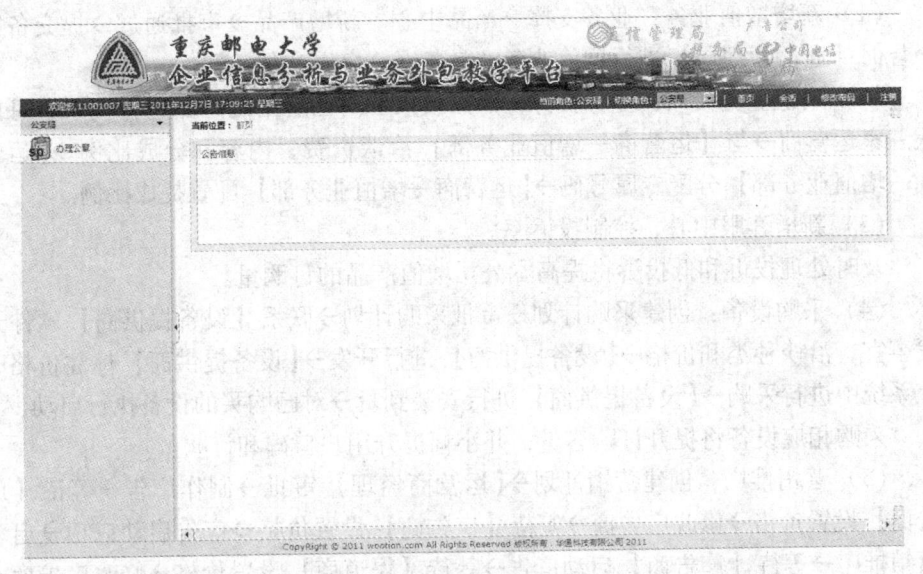

图 2-16　公安局

- 公告管理员

公告管理员可以为运营商和增值业务提供商发布公告。公告管理员指在系统中发布管理公告信息的角色。公告管理员的主界面如图 2-17 所示。

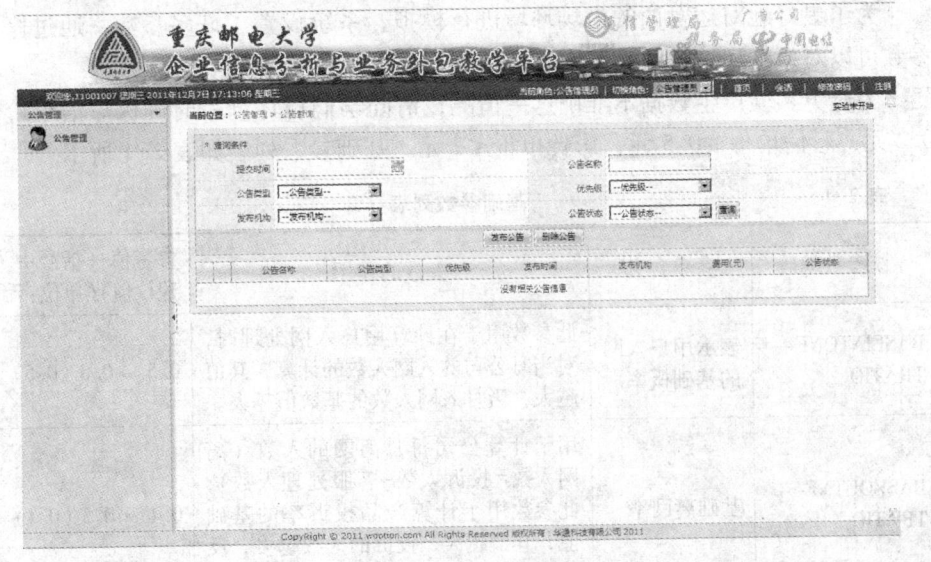

图 2-17　公告管理员

2.2.2.4　增值业务提供商

增值业务提供商可以进行新公司创业流程的模拟。创业成功后，公司管理人可以设计公司自己的产品，并将自己的产品接入运营商进行运营以获得收益。同时，增值业务提供商还需要为自己的产品进行营销推广，制作广告并用恰当的渠道播放自己的广告，以获取最大收益。其主要工作模式和流程如下：

（1）新增增值业务：业务支撑—产品中心。新增产品→审批通过→提交备案→督促【通信管理局】进行增值业务产品备案→启用产品。

（2）增值业务接入：业务支撑—产品接入。对已启用的产品进行接入，可接入三家运营商→与【运营商—增值业务部】洽谈资费、内容和分成比例→【运营商—增值业务部】分配专属号码→【运营商—增值业务部】配置提成比例。

（3）新增客服中心，控制投诉率。

及时处理投诉和低投诉将提高本公司增值产品的订购量。

（4）采购设备：创建采购计划→审批采购计划→联系【设备提供商】软件开发事宜，洽谈种类和价格→【设备提供商】进行开发→【设备提供商】标注价格→在系统中进行采购→【设备提供商】进行安装到货→对已购买的设备执行启动。

采购相应设备将提升订购容量，并小幅提升用户口碑和订购量。

（5）营销推广：创建营销计划→【运营商经理】审批→制作广告→等待【广告商】设置价格→修改广告商→等待【广告商】设置价格→广告启动成功→启动营销推广→等待【广告商】启动广告→等待【渠道商】设置价格→修改广告商→等待【渠道商】设置价格→等待【渠道商】启动推广。

制作广告并推广，会根据广告等级和推广级别提升用户口碑和订购量。

2.2.3 基本参数说明

为了更好地对运营商的市场环境进行模拟，系统设置了许多参数，通过修改参数可以对市场环境进行定制，以适应不同的教学环境。

为避免实验产生数据不准确这一情况，请同学们设计产品时确保短信单价≤0.2元，彩信单价≤0.5元，彩铃单价≤2元。基础参数列表如表2-1所示。

表2-1　　基础参数列表

系统参数编码	参数含义	参数的作用	参考值（括号中为建议值）（单位:元）
BASEINTONE-TRATIO	表示用户入网的基础概率	此参数用于在计算用户入网处理时，对当月公司的入网人数的计算，其值越大，当月入网人数的基数值越大。	0.5~0.8（0.5）
BASEOUTNE-TRATIO	基础离网率	用于计算公司每月离网的人数（离网人数=投诉人数-客服处理人数），此参数用于计算产品投诉率的基础值，其值越大，投诉的人数越多，反之亦然。	0.1~0.3（0.1）
BASECOM-PLAINRATIO	未订购套餐基础投诉率	计算未订购套餐用户的投诉率，为计算公司离网人数提供支持，其值越大，未订购套餐的用户投诉越多，反之亦然。	0.4~0.6（0.6）
BASEGROUP-COMPLAINRA-TIO	订购套餐的基础投诉率	用于计算订购公司套餐产品的用户投诉率，值越大，其订购套餐产品用户的投诉率越大，反之亦然。	0.1~0.4（0.1）

表2-1(续)

系统参数编码	参数含义	参数的作用	参考值（括号中为建议值）(单位：元)
MAXCOM-PLAINRATION	投诉率不能大于该值	将订购套餐用户投诉率、未订购套餐用户投诉率与最大投诉率进行比较，订购套餐用户投诉率、未订购套餐用户投诉率不能大于最大投诉率。	0.6～0.8 (0.8)
BASEEF-FECRRATIO	基础影响率	用于计算套餐订购人数的参数，值越大时，促进客户订购套餐的影响就越大。	0.2～0.4 (0.2)
BASEORDER-RATIO	基础订购率	用于计算套餐订购人数的中间参数（用于计算套餐地区订购率，基础订购率越大，套餐地区订购率就越大）。	0.5～0.7
BASESERVI-CEINCREMENT	基础业务增长率	该参数为市场环境变量，用于随机模拟市场业务量增长数的中间变量，业务增长数将在该参数设定范围内波动。例如设置该参数值为15，则业务增长数将在降低15%到增长15%之间波动。	1～20 (10)
BASEUSERIN-CREMENT	基础用户增长率	该参数为市场环境变量，用于随机模拟市场用户量增长数的中间变量，用户增长数将在该参数设定范围内波动。例如设置该参数值为15，则用户增长数将在降低15%到增长15%之间波动。	1～20 (10)
MAXBASESER-VICEINCRE-MENT	最大基础业务增长率	用于和计算出的业务增长率进行比较，业务增长率不能大于最大基础业务增长率。	0.6～0.8 (0.8)
MAXBASEUSE-RINCREMENT	最大基础用户增长率	用于和计算出的用户增长率进行比较，用户增长率不能大于最大基础用户增长率。	0.6～0.8 (0.8)
SMSUNITPRICE	短信单价	用户发送一条短信的价格	0.1～0.3 (0.2)
MMSUNITPRICE	彩信单价	用户发送一条彩信的价格	0.5～1 (1)
RINGUNIT-PRICE	彩铃单价	用户发送一条彩铃的价格	2～5 (2)
SPCOMPANY-INITFUND	sp公司初始化资金	sp公司创建时的初始资金金额。不建议设置过多初始资金，公司一般都是在有限资金的情况下运营的。	200 000
OPCOMPANY-INITFUND	op公司初始化资金	op公司创建时的初始资金金额。不建议设置过多初始资金，公司一般都是在有限资金的情况下运营的。	500 000

表2-1(续)

系统参数编码	参数含义	参数的作用	参考值（括号中为建议值）（单位:元）
BINDINGBASE	绑定基数比例（相对未入网用户）	用于计算市场业务绑定数。	0.05～0.2（0.09）
OUTCOMPANY-INITFUND	外围运营商公司初始化资金	创建外围公司如广告公司、渠道公司、设备制造商的初始化资金金额。	100 000

通过对广告等级的参数设置，可以影响各种类型广告的影响力，从而对运营商选择广告产生影响，广告等级参数如表2-2所示。

表2-2　　　　　　　　　　广告等级设置参数说明

参数名称	参数含义	参数作用
广告类型	选取该参数的广告类型	
等级序号	等级的编号	不可修改，无特殊作用。
单价	制作该广告的成本价格	广告公司制作该广告的花费。
影响率	打广告产生的影响率	影响率越大，广告影响的用户数、产品的订购人数越多。
用户增长率	打广告产生的用户增长率	用户增长率越大，每月新增的用户数越多。
业务量增长率	打广告产生的业务增长率	业务增长率越大，用户消费的业务数量越大。

通过对渠道等级的参数设置，可以改变各种类型渠道的影响力，从而对运营商选择渠道产生影响，渠道等级参数如表2-3所示。

表2-3　　　　　　　　　　渠道等级设置参数说明

参数名称	参数含义	参数作用
渠道类型	用于推广产品的渠道类型	
等级序号	等级的编号	不可修改，无特殊作用。
单价	使用该渠道打广告的成本价格	渠道公司使用该渠道的花费。
影响率	使用该渠道造成的影响率	影响率越大，渠道影响的用户数、产品的订购人数越多。
用户增长率	推广产品产生的用户增长率	用户增长率越大，每月新增的用户数越多。
业务量增长率	推广产品的业务增长率	业务增长率越大，用户消费的业务数量越大。

2.3 实验准备

2.3.1 实验教师

2.3.1.1 创建教师管理员和教师

（1）确保每人一台电脑，并且每台机器都能连上 Internet 及校园网；

（2）保证实验教学平台的正常访问；

（3）教师以系统管理员的身份登陆实验教学平台，点击教师管理>创建教师（见图 2-18），创建好后点击分配角色（分配为教师管理员、教师），见图 2-19。

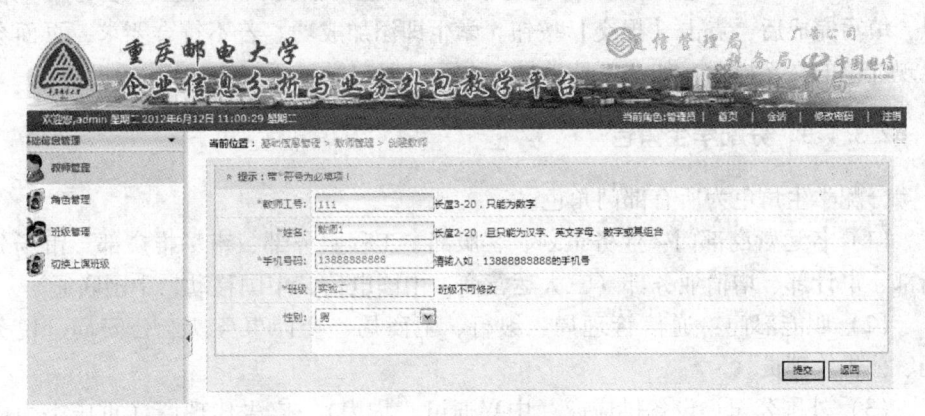

图 2-18 创建教师

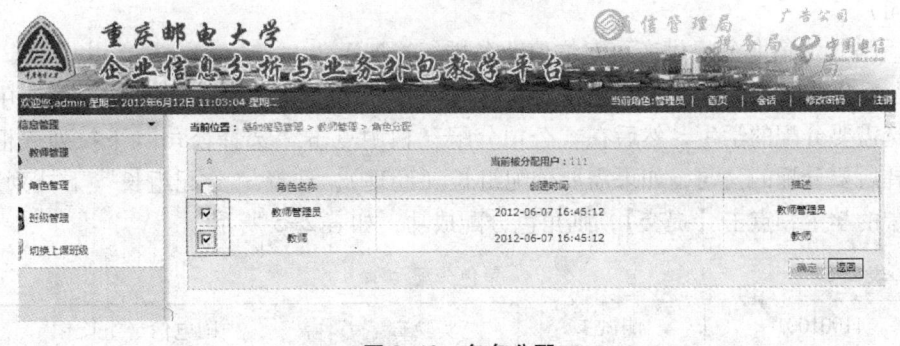

图 2-19 角色分配

2.3.1.2 创建学生账号

以刚刚创建的教师管理员角色登录实验教学平台，点击教学管理>学生管理，进入学生管理页面添加学生（可批量导入，也可手动添加）。

（1）批量导入学生：点击【学生导入模板下载】按钮，将模板下载并保存到本地磁盘取名为"学生导入.xls"，根据模板的格式填写学生的信息（每次课的角色分配需提供给角色职业介绍所的学生，让职业介绍所的学生根据教师拟定的角色分配表进行转岗），如表 2-4 所示。

表 2-4　　　　　　　　　　　学生导入

学号	姓名	性别	电话	默认角色
11001001	学生1	1		中国电信

　　将学生导入信息编辑完成，点击【批量导入学生】按钮，弹出"文件导入"对话框，点击【浏览】按钮，选择之前编辑的"学生导入.xls"文件，点击【上传】按钮，导入成功。若导入失败，系统会提示，如：学号为11001001的学生默认角色为"供应商"，系统会提示"11001001的学生默认角色不存在！"

　　注意：批量导入的时候系统自动将排在第一个的学生默认为运营商的组长。

　　（2）手动添加学生：点击【创建学生】按钮，根据页面的提示填写学生信息，填写完成后，点击【提交】按钮，学生即添加成功。若不符合要求，页面会出现红色的文字提示，如：不填学号，页面出现"学号不能为空！"的提示。

2.3.1.3　分配学生角色

　　分配学生角色为所有部门角色。

　　（1）各运营商部门：业务策划、客服部、工程服务部、市场推广部、市场分析部、审计部、增值业务部（三大运营商：中国电信，中国移动，中国联通）。

　　（2）职能部门：通信管理局、银行、工商局、会计事务所、公安局、税务局、公告管理员。

　　（3）外围公司：设备供应商（中兴通讯，华为）、广告代理商（重庆杰力广告公司，重庆巨鹏广告公司）、渠道代理商（正智渠道代理公司，优邦渠道代理公司）。

　　（4）增值业务提供商：对增值业务进行管理运营。

　　操作步骤：教师登录，点击实验管理>学生角色分配，在"未分配"列表中，勾选需要分配的学生，然后在"公司分配"栏中点击"选择公司"下拉列表框，选择所要分配的公司，如果需要分配组长（经理），选择"分配组长"下拉列表框中的学生，点击【提交】，则角色分配成功，如表2-5所示。

表 2-5　　　　　　　　　　　角色分配

11001001	测试1	实验二	中国电信（组长）
11001002	测试2	实验二	客服部（由组长分配）

2.3.1.4　设置实验时间

　　以教师角色登录，设置开始实验的时间：点击实验管理>实验时间管理，进入实验时间管理页面；进入新增实验时间管理页面，选择实验开始时间，填入实验开始时间（最大设置时间40分钟），如图2-20所示。

　　注意：每次实验结束后，教师需结束实验时间。从第二次课开始，若是不同班级上课，管理员需切换到对应的数据源上课。

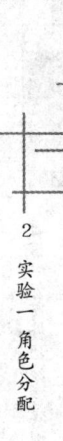

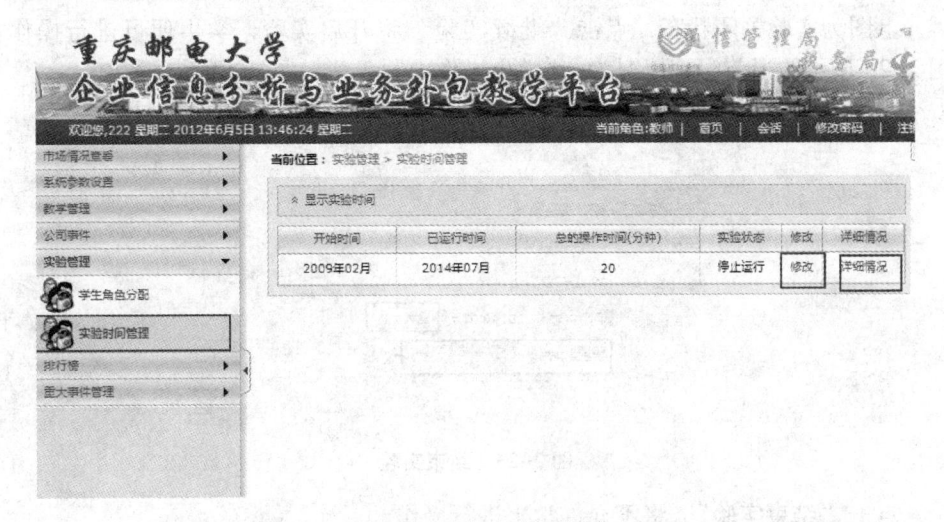

图 2-20　实验时间管理

点击"修改"列中的【修改】,对实验时间进行修改,如图 2-21 所示。

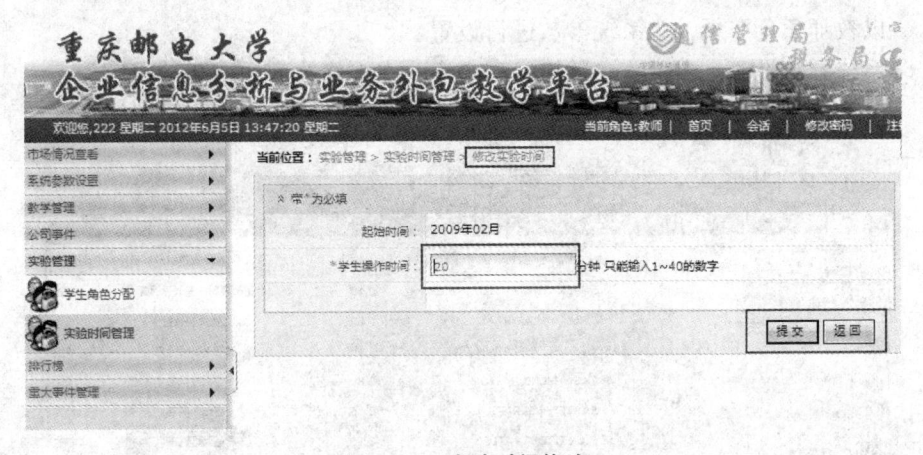

图 2-21　实验时间修改

根据输入框后的描述要求录入"学生操作时间",点击【提交】按钮即可保存修改的时间,若不需要修改点击【返回】按钮即可。

点击"详细情况",对实验班级进行数据库启用或是更改实验班级的数据库启用,如图 2-22 所示。

图 2-22　继续实验

上图为实验关闭状态,点击"继续实验"将开启实验,学生便可进行操作。图 2-23 显示的当前实验情况为:"学生操作中"。

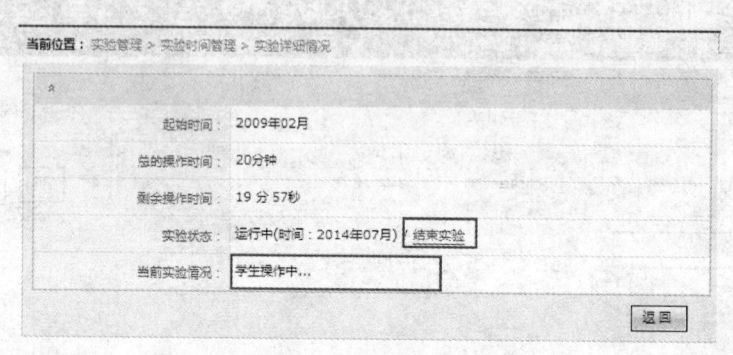

图 2-23 结束实验

点击"结束实验",将不允许学生进行操作。

2.3.1.5 设置系统参数

以教师角色登录,对系统参数进行设置。

系统参数设置:在系统参数设置列表中,点击修改,如图 2-24 所示。

图 2-24 参数配置

进入修改页面,如图 2-25 所示。

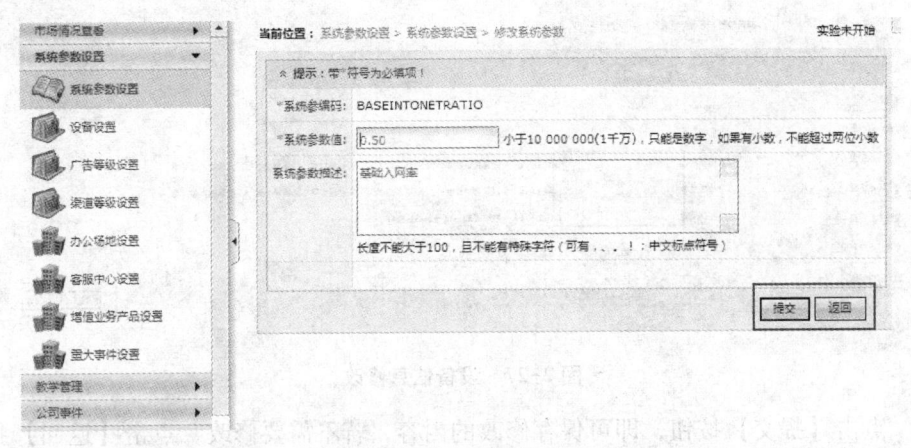

图 2-25 参数修改

如果需要修改，根据附录提供的参考值进行修改，点击【提交】按钮即可；若不需要修改则点击【返回】按钮，退回到系统参数列表页面。

2.3.1.6 设置其他参数

（1）设备设置：对制造商制造设备的成本及制造消耗工时的设置，如图 2-26 所示。

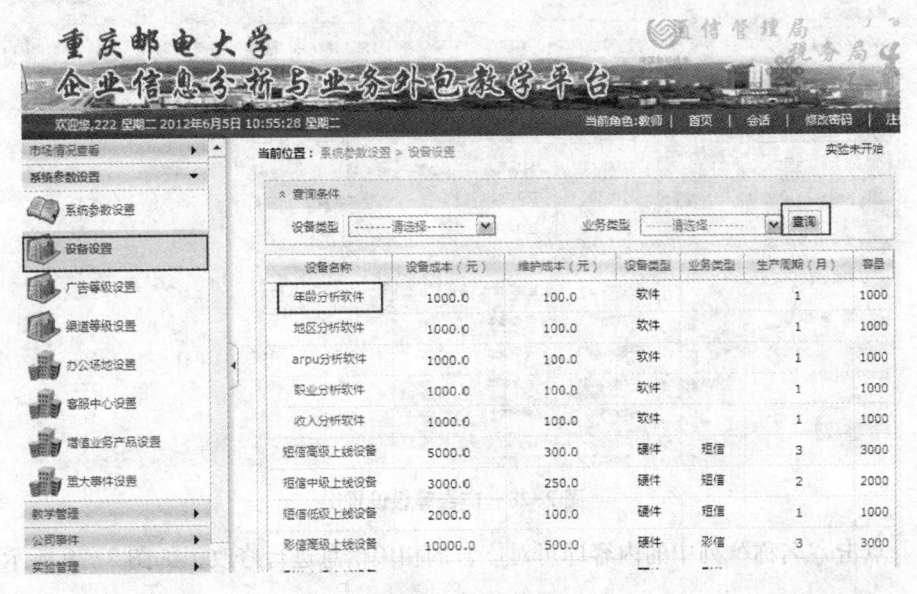

图 2-26 设备设置

选择设备类型、业务类型，点击【查询】即可快速准确地查找到相关设备信息。

点击"设备名称"列中的内容即可对设备的相关信息进行修改，如图 2-27 所示。

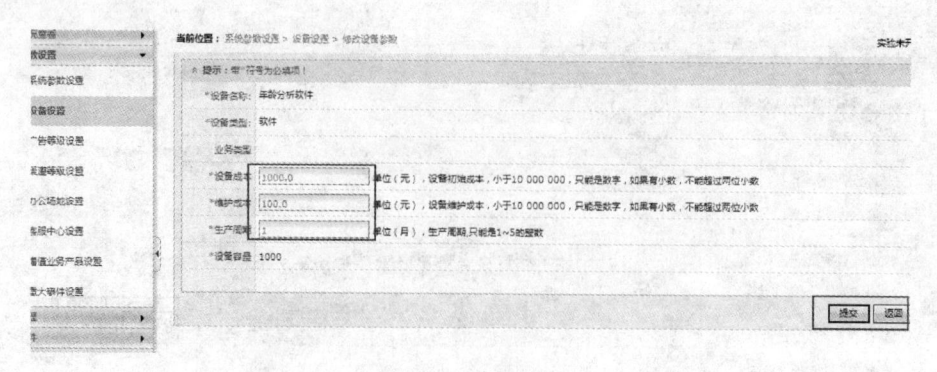

图 2-27 设备信息修改

点击【提交】按钮，即可保存修改的内容，若不需要修改，点击【返回】按钮即可退回到上一页面。

（2）广告等级设置：广告商根据广告的类别、等级对成本、利润等参数进行设置，如图 2-28 所示。

图 2-28 广告等级设置

点击"名称"列中的内容即可对广告的相关信息进行修改，如图 2-29 所示。

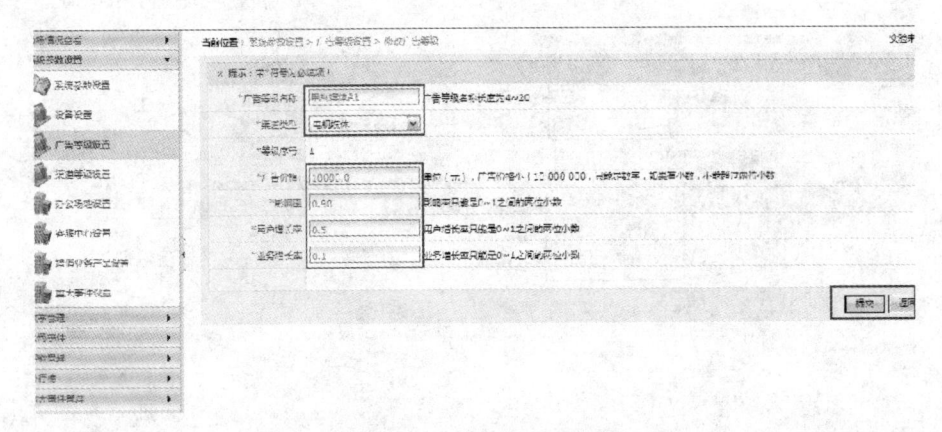

图 2-29 修改广告等级信息

点击【提交】按钮，即可保存修改的内容，若不需要修改，点击【返回】按钮即可退回到上一页面。

（3）渠道等级设置：渠道商根据渠道的类别、等级对成本、利润等参数进行设置，如图 2-30 所示。

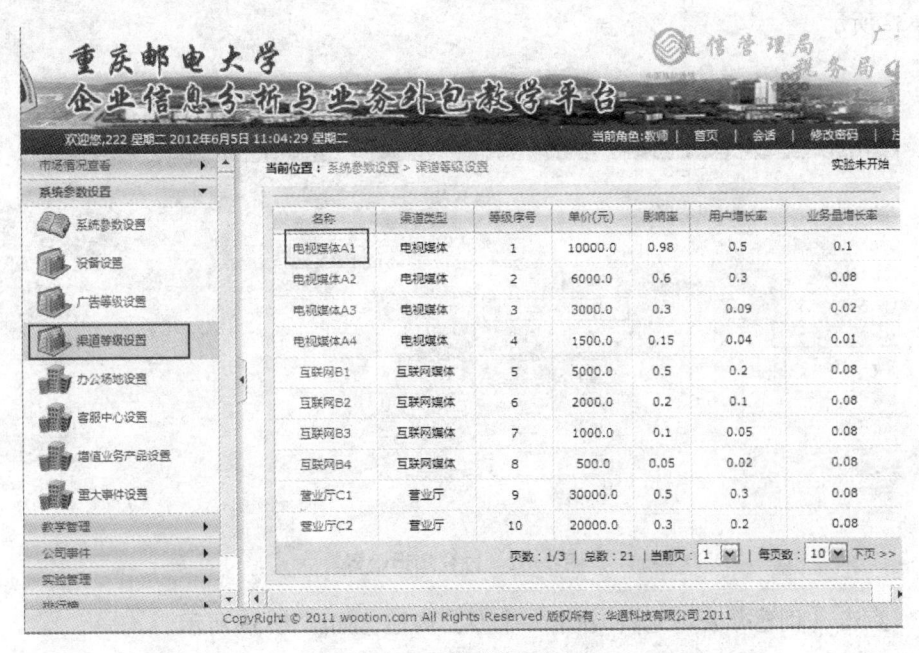

图 2-30 渠道等级设置

点击"名称"列中的内容即可对渠道的相关信息进行修改，如图 2-31 所示。

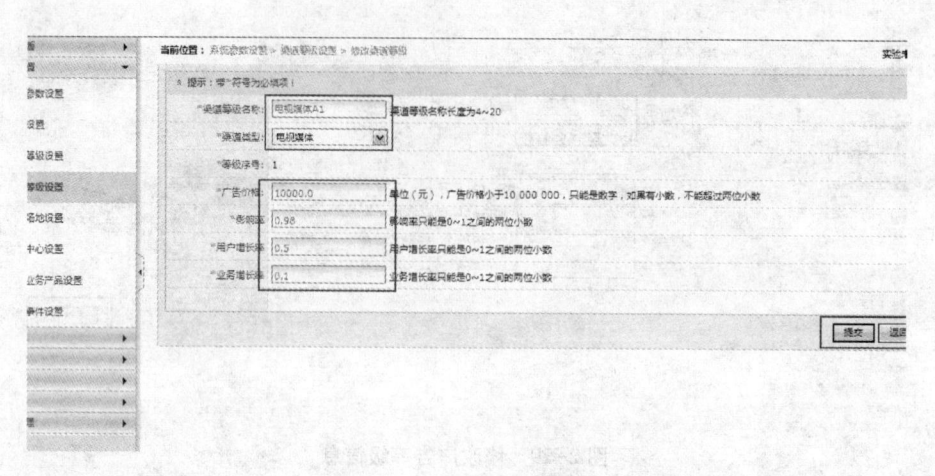

图 2-31 修改渠道等级信息

点击【提交】按钮，即可保存修改的内容，若不需要修改，点击【返回】按钮即可退回到上一页面。

（4）办公场地设置：主要对增值创业公司的办公场地的参数进行设置，如图 2-32 所示。

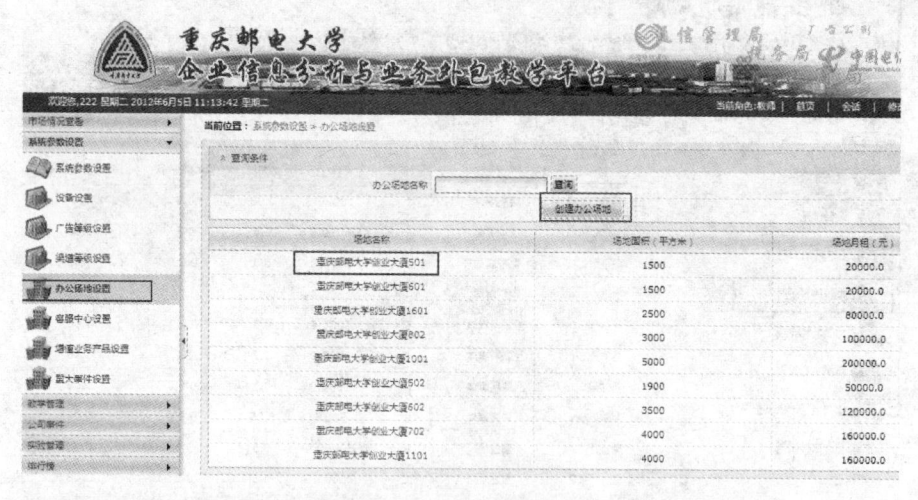

图 2-32 办公场地设置

点击【创建办公场地】，新增一个办公场地，如图 2-33 所示。

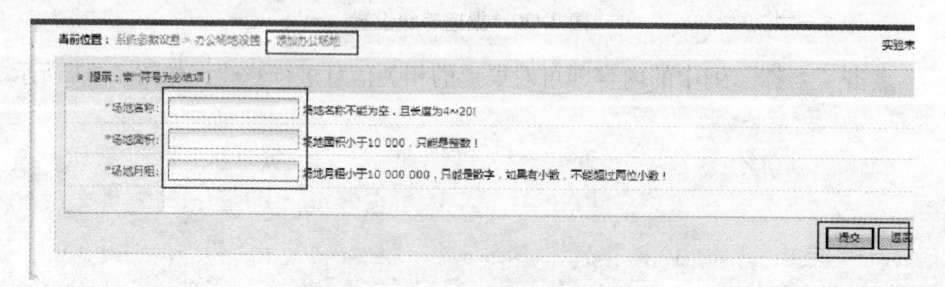

图 2-33 增加办公场地

根据要求在文本框中录入内容，点击【提交】按钮新增一个新的办公场地成功，若不需新增点击【返回】按钮即可。

在列表中点击"场地名称"列中的内容，可以对场地的面积和月租进行修改。点击【提交】按钮即可保存修改内容，若不需修改点击【返回】按钮即可。

（5）客服中心设置：用于运营商新增客服中心的成本及投诉量的参数配置，如图2-34所示。

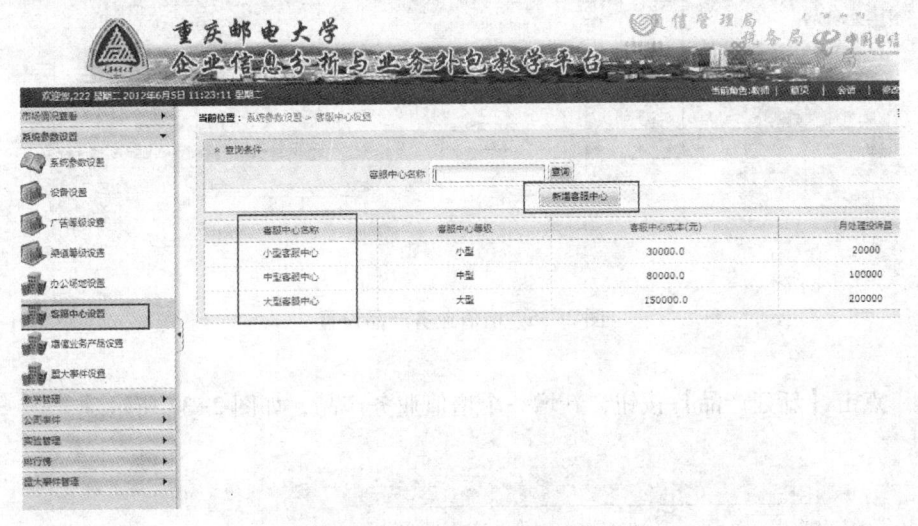

图2-34 客服中心设置

点击【新增客服中心】，新增一个客服中心，如图2-35所示。

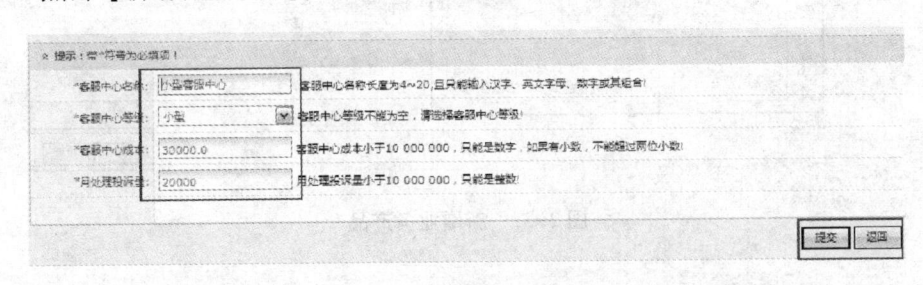

图2-35 增加客服中心

根据要求在文本框中录入内容，点击【提交】按钮新增一个客服中心成功，若不需新增点击【返回】按钮即可。

在列表中点击"客服中心名称"列中的内容，即可对客服中心的成本和投诉量进行修改。点击【提交】按钮即可保存修改内容，若不需修改点击【返回】按钮即可。

（6）增值业务产品设置：用于增值业务的产品及相关参数的设置，如图2-36所示。

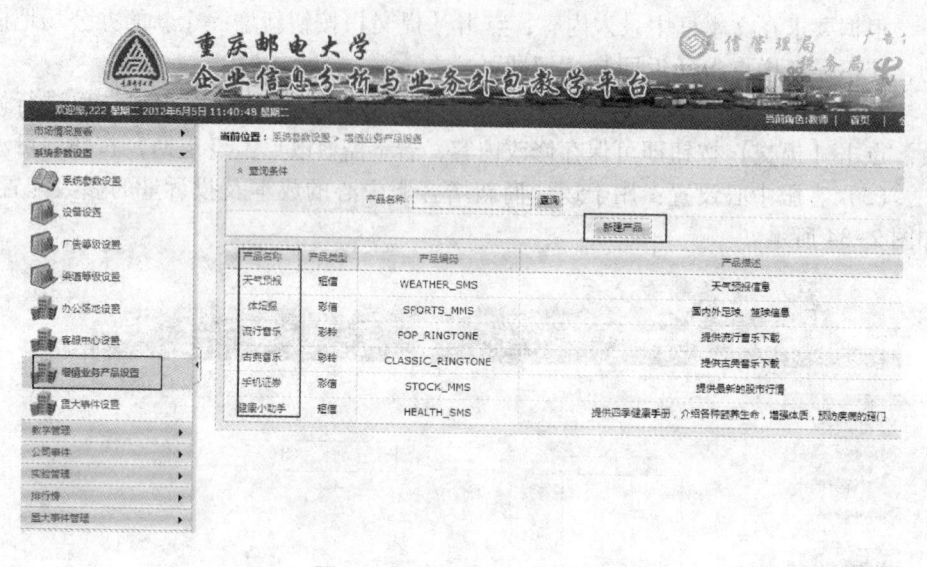

图 2-36　增值业务产品设置

点击【新建产品】按钮，新增一个增值业务产品，如图 2-37 所示。

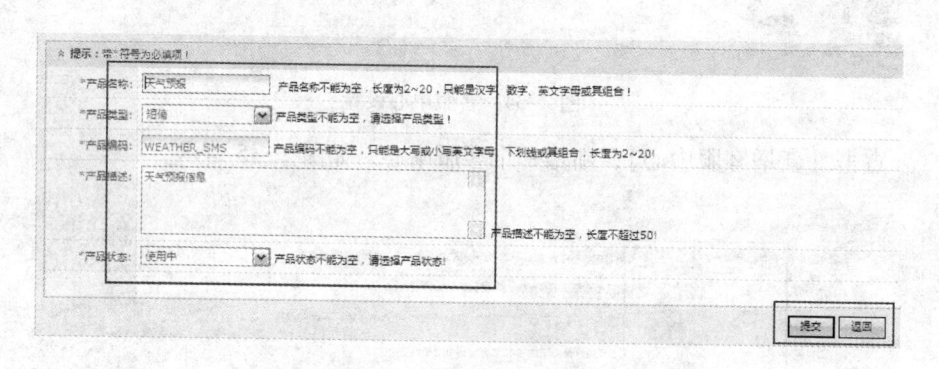

图 2-37　新增业务产品

根据要求在文本框中录入内容，点击【提交】按钮新增一个增值业务产品成功，若不需新增点击【返回】按钮即可。

在列表中点击"产品名称"列中的内容，即可对产品的相关内容进行修改。点击【提交】按钮即可保存修改内容，若不需修改点击【返回】按钮即可。

（7）重大事件设置：对重大事件的影响值、标识、类型的设置，如图 2-38 所示。

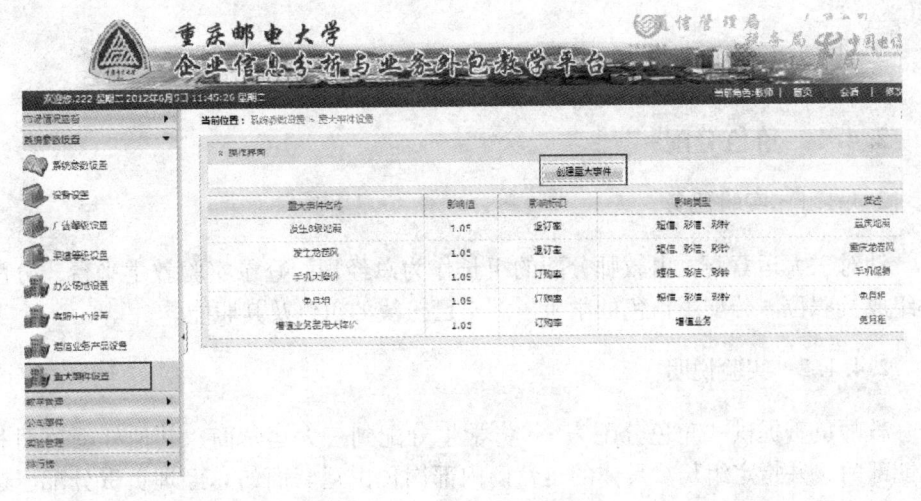

图 2-38　重大事件设置

点击【新建重大事件】按钮，新增一个重大事件，如图 2-39 所示。

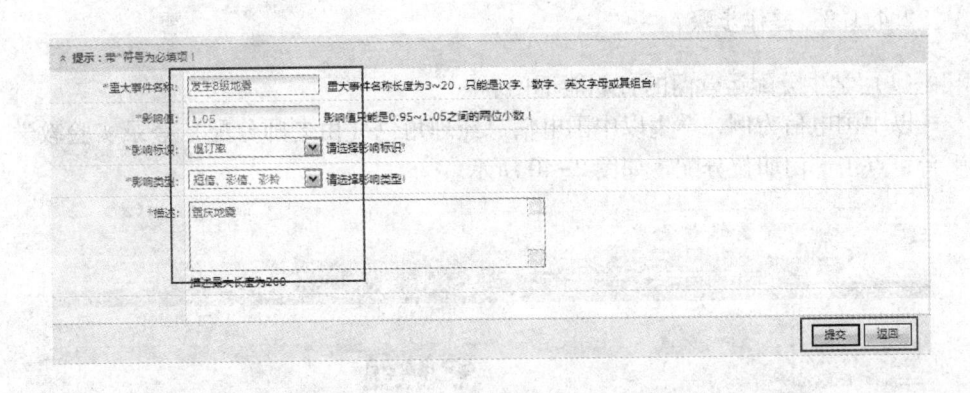

图 2-39　新增重大事件

根据要求在文本框中录入内容，点击【提交】按钮新增一个重大事件成功，若不需新增点击【返回】按钮即可。

在列表中点击"重大事件名称"列中的内容，即可以对重大事件的相关内容进行修改。点击【提交】按钮即可保存修改内容，若不需修改点击【返回】按钮即可。

2.3.2　实验学生

（1）三大运营商的总经理与小组成员讨论职位的分配。
（2）熟悉用户角色及其职责。

2.4 实验内容及步骤

2.4.1 角色分配

2.4.1.1 实验任务

针对三大运营商,由教师分配的组长作为总经理,登录实验教学平台,分配小组成员职位。分配了角色的学生了解自己扮演的角色及其职能。

2.4.1.2 实验说明

教师负责提供"角色分配表",将学生分配到三大运营商、其他外围公司和职能部门,并指定组长。具体的运营商内部岗位由运营商的总经理负责分配。运营商的职位包括:客服部、市场分析部、审计部、工程服务部、市场推广部、业务策划部、增值业务部。总经理根据"角色分配情况表",结合实际情况进行合理分配。

2.4.1.3 操作步骤

(1)学生分配运营商的各职能部门。

以中国电信为例,学生以中国电信总经理角色(由老师分配)登录实验教学平台,点击部门职位分配,如图2-40所示。

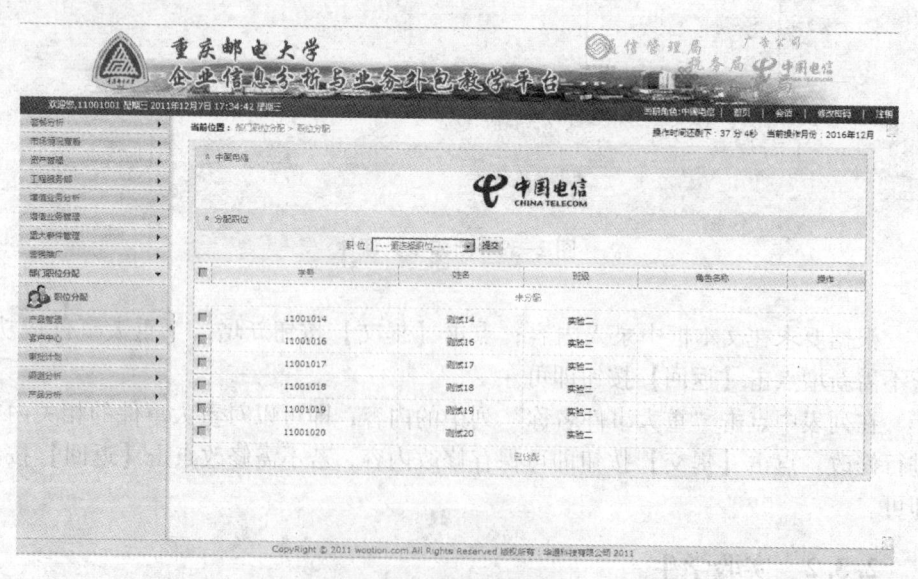

图2-40 部门职位分配

在职位处选择职位,勾选要分配的同学学号,点击提交后页面会显示已分配的信息(如图2-41所示,学号11001014的同学被分配为客服部角色)。

用同样的方法分配市场分析部、审计部、工程服务部、市场推广部、业务策划部、增值业务部角色;也可点击重新分配。

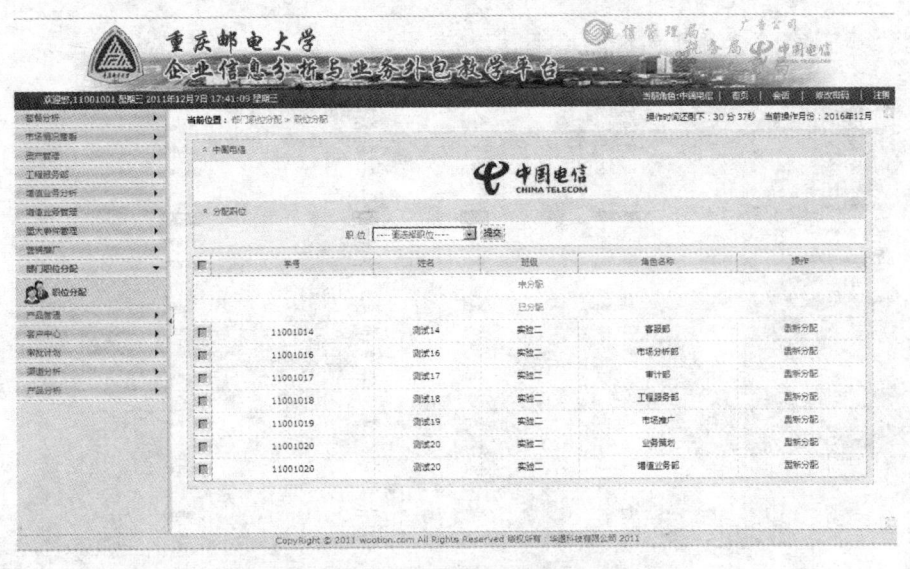

图 2-41 部门职位分配结果

（2）教师给学生分配其他职能部门：通信管理局、银行、工商局、会计事务所、公安局、税务局、公告管理员各个角色。

教师登录后，点击实验管理>学生角色分配，在选择公司下拉菜单中选择要分配的职能部门，如通信管理局；勾选要分配的学生学号，如学号 11001021 的同学被分配为通信管理局。该过程和对应结果如图 2-42 和图 2-43 所示。

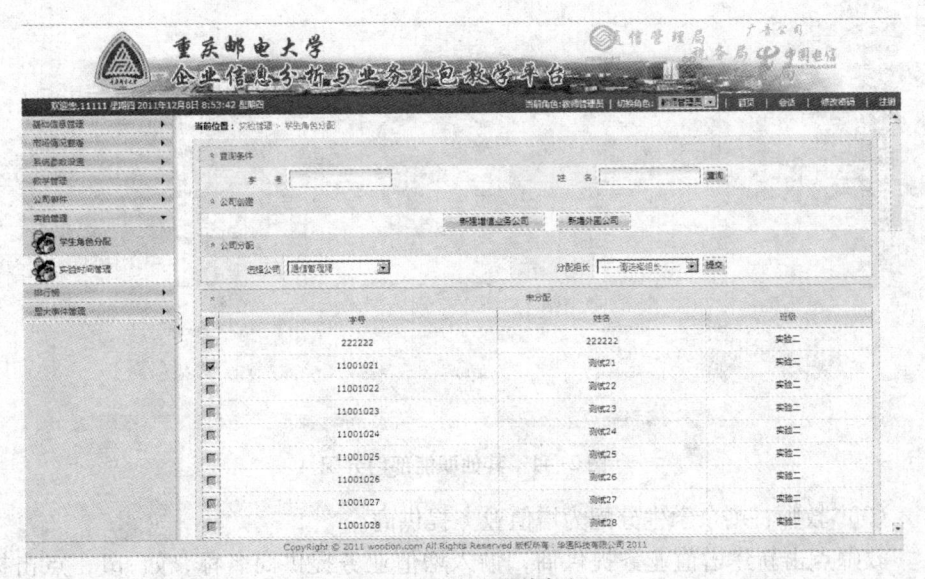

图 2-42 分配职能部门

向下拉页面，可看到已分配的信息，分配成功。

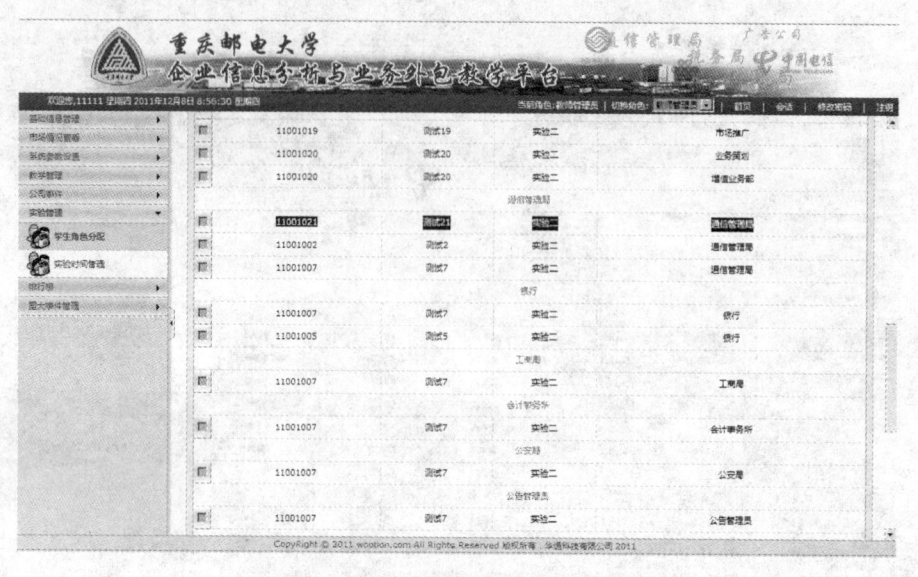

图 2-43 分配职能部门结果

同理可继续分配银行、工商局、会计事务所、公安局、税务局、公告管理员、设备供应商、广告代理商、渠道代理商各个角色，分配好后如图 2-44 所示。

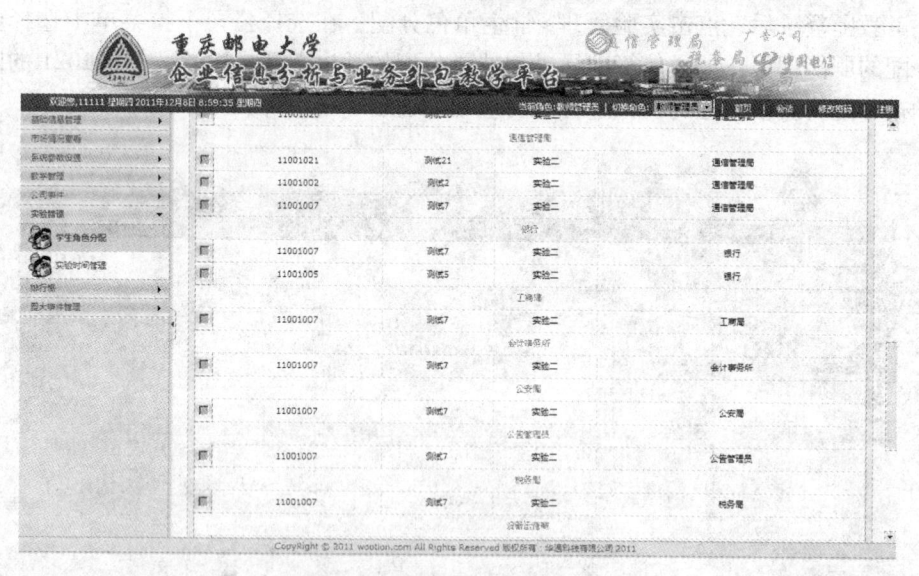

图 2-44 其他职能部门分配

（3）教师将剩余学生分配为增值业务提供商。

教师点击新建增值业务提供商，输入增值业务提供商名称，如 sp1，点击提交。具体操作界面如图 2-45 和图 2-46 所示。

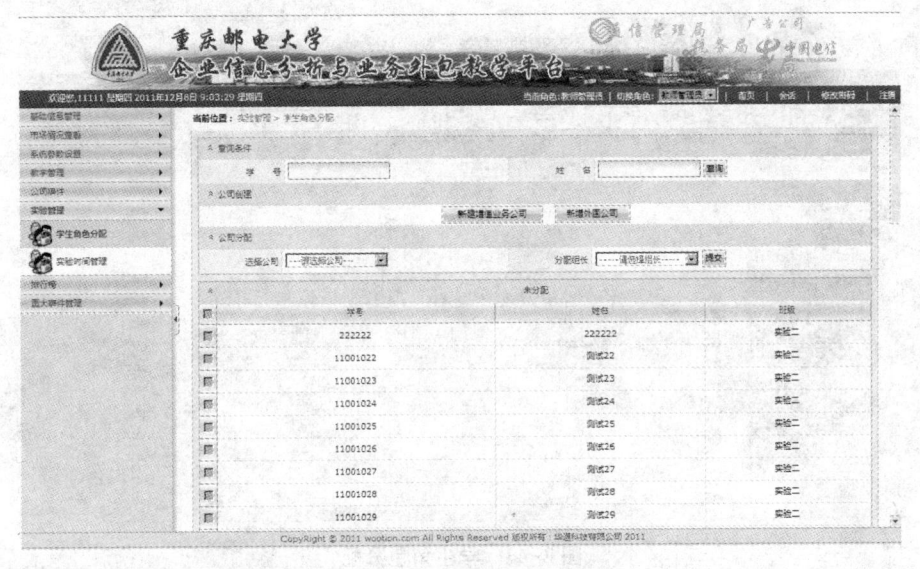

图 2-45　新建增值业务提供商

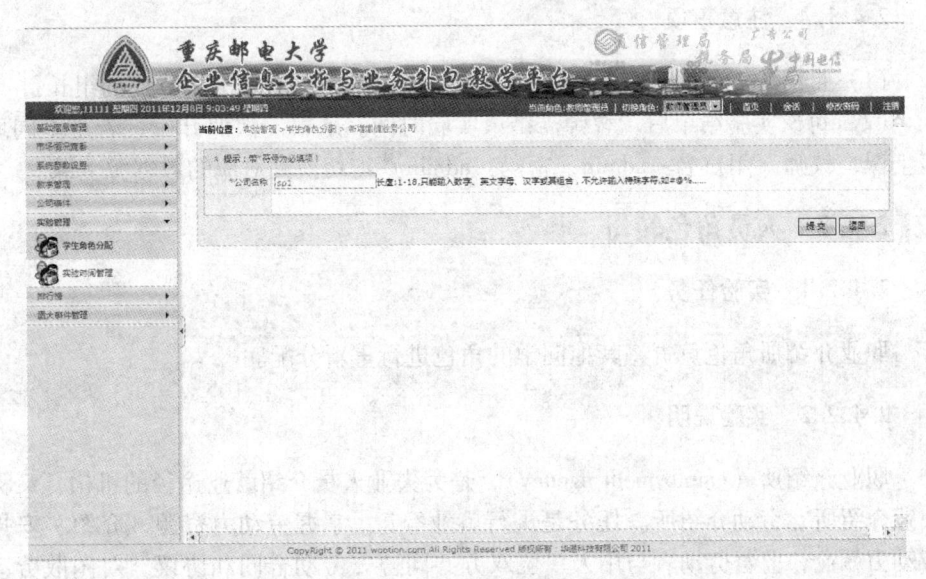

图 2-46　新建增值业务提供商

创建成功后，回到主页面，在选择公司下拉菜单中选择刚刚创建的 sp1，勾选要分配的学生学号，分配成功（教师创建多个增值业务提供商分配给其余各学生）。具体操作界面如图 2-47 所示。

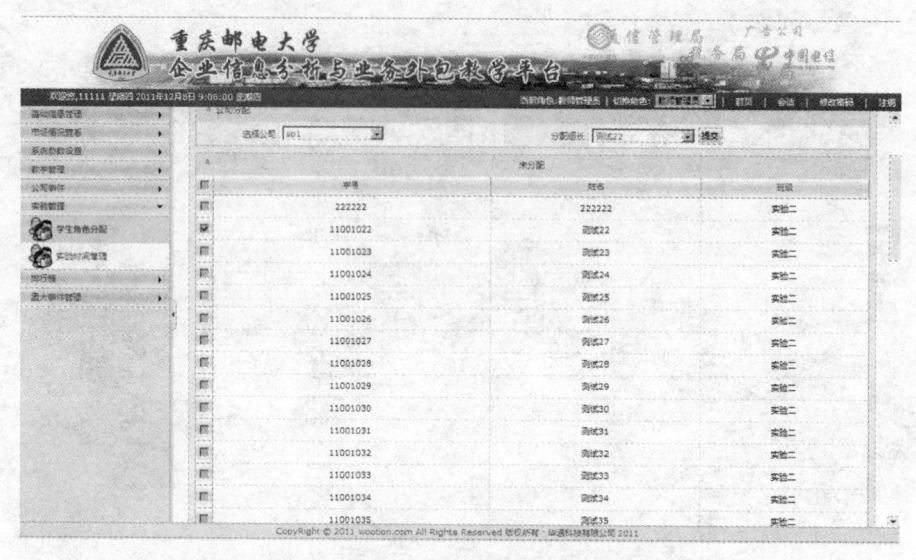

图 2-47 学生角色分配

2.4.1.4 注意事项

（1）批量导入的时候系统自动将排在第一个的学生默认为运营商的组长。

（2）每次实验结束后，教师需结束实验时间。从第二次课开始，若是不同班级上课，教师（用户名：admin，密码：admin）需切换到对应的数据源上课。

2.4.2 人员角色转岗

2.4.2.1 实验任务

职业介绍所角色负责将其他同学的角色进行重新分配。

2.4.2.2 实验说明

职业介绍所（employment agency），是为失业人员介绍就业途径的机构，又称失业介绍所、劳动介绍所。任务是进行就业登记，掌握劳动力资源，介绍、安排劳动力就业，监督劳动者与用人单位双方共同遵守劳动合同和协议，对闲散劳动力进行组织、管理、业务技术培训和政治思想教育。

本系统主要用于人员的角色改变，即转岗。本次实验主要是将运营商与外围公司和职能部门（政府部门）进行角色互换。

职业介绍所的同学登录，按照角色分配表进行转岗。

2.4.2.3 操作步骤

（1）职业介绍所的学生登录系统。

首先将需要转岗的人员的角色勾选中（同时可勾选多个人员），选择"公司"，点击【提交】按钮，转到"中国电信"；然后选择"公司"（要重新分配的角色），点击【提交】，转岗成功。整个过程如图 2-48、图 2-49 和图 2-50 所示。

图 2-48　银行角色

图 2-49　转岗中国电信

图 2-50　转岗通信管理局

（2）当转岗完成后，教师登录系统将职业介绍所的角色转岗（按照角色分配表分配）。

2.5　问题思考

（1）系统中主要有哪些角色？各个角色的职责是什么？
（2）运营商的组织架构是怎样的？

2.6　实验报告要求

（1）每人提交一份实验报告，统一用学校提供的 A4 幅面的实验报告册书写或用 A4 的纸打印，如果打印必须有以下格式的表头（见表 2-6）。

表 2-6　　　　　　　　　　实验报告标准表头

实验课程							
实验名称							
实验时间		学年	学期	周 星期	第	节	
学生姓名		学号		班级			
同组学生							
实验地点		设备号		指导教师			

（2）实验的主要内容。
（3）实验的过程和主要的步骤。
（4）实验过程中所遇到的问题及解决办法。
（5）关于该实验的心得体会、意见和建议。

3 实验二 运营商市场运营模式

3.1 实验目的

(1) 学习了解业务产品的营销手段。
(2) 学习了解运营商在营销过程中营销影响的范围和区域。
(3) 学习了解套餐产品制定流程及产品设计器,并进行产品设计。
(4) 学习了解设备购买、制造流程、公司设备管理、银行转账功能和账务的查看。
(5) 学习了解营业厅创建流程,客户分层、客服中心创建工作流程。
(6) 学习了解产品的营销手段,以及广告制作流程和渠道推广流程。

3.2 知识准备

3.2.1 运营商的主要运营流程

3.2.1.1 产品研发流程图

产品研发流程是运营商的主要流程之一,其主要功能是进行通信产品的研发、备案、发布。只有完成了产品研发流程,才能进行其他运营流程。产品研发流程一般由业务策划部发起,业务策划部根据市场分析部提交的市场调研报告拟订产品计划,并提交给审计部审批;审计部审批通过后,由工程服务部根据产品计划拟订设备购买计划,并提交审计部审批,审计部审批通过后进行设备采购,当设备到货后启用设备;同时业务策划部进行产品研发,并提交通信管理局进行产品备案;备案通过后,如果所需设备已经启用,就可以发布产品了。具体流程如图 3-1 所示。

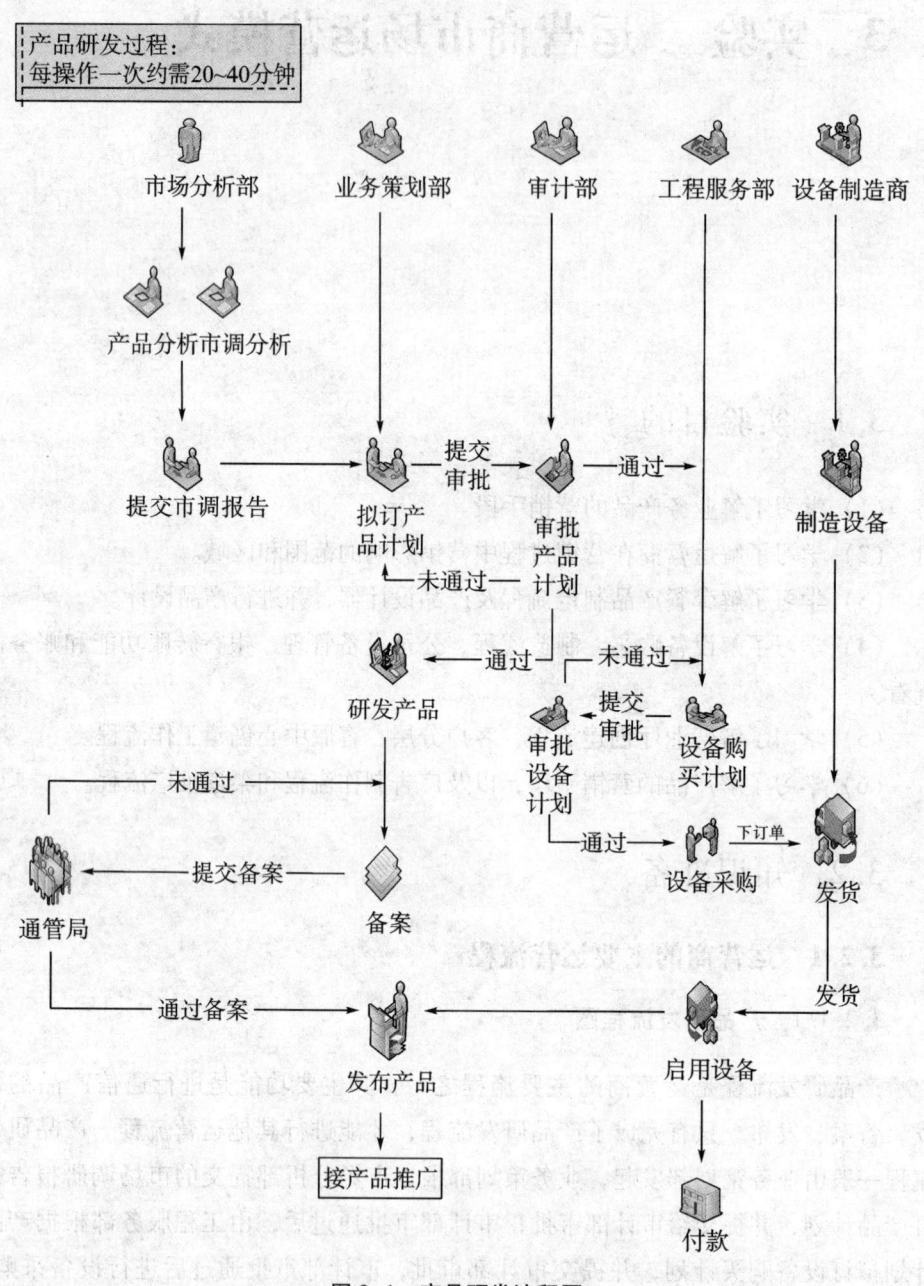

图 3-1　产品研发流程图

3.2.1.2　产品推广流程图

产品推广流程主要进行通信产品的市场开发推广，以提高产品的购买率，从而可以达到提高运营商营业收入的目的。产品推广流程由市场推广部发起，由其创建营销计划，并提交给审计部审批，审计通过后，由市场推广部和广告代理商接洽，进行广告制作；广告制作完成并启用后，由市场推广部进行营销推广，主要是与代理公司合作，发布广告，进行市场推广活动。具体流程如图3-2所示。

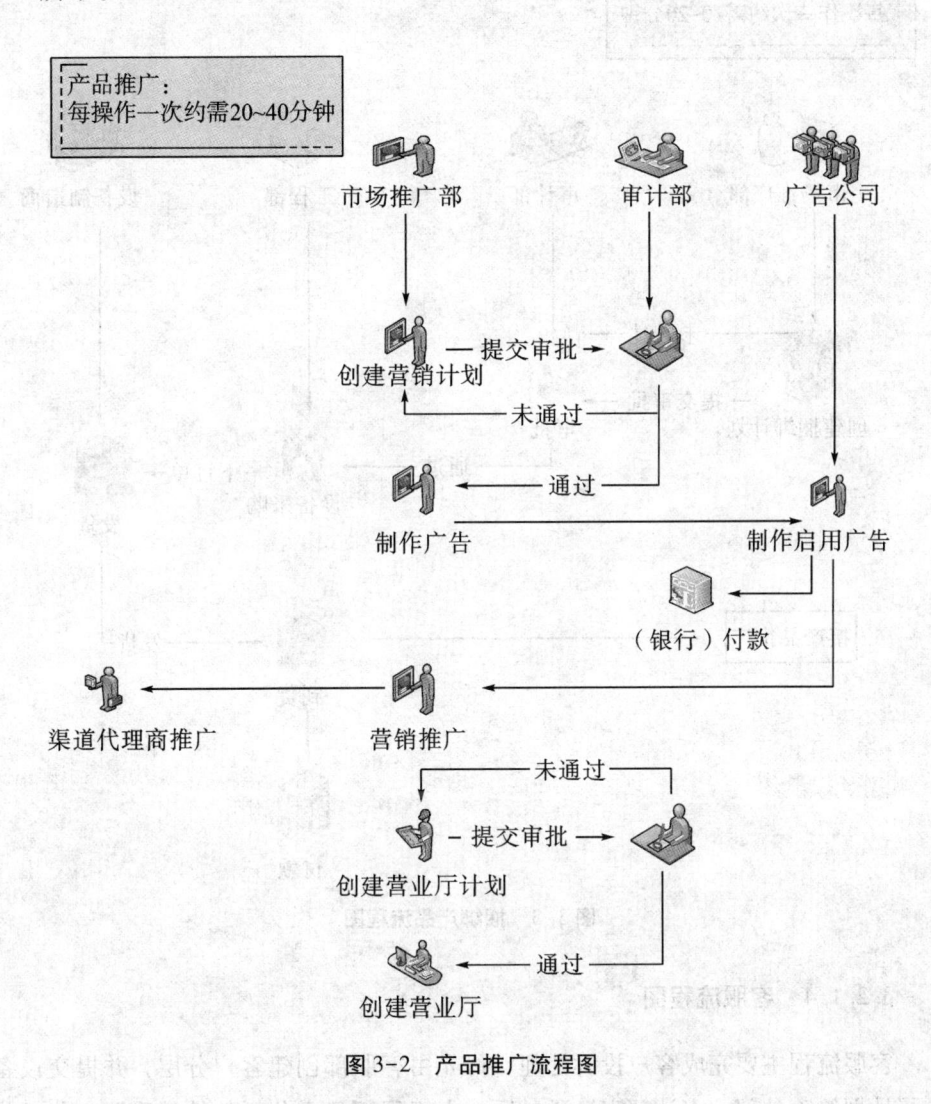

图 3-2　产品推广流程图

3.2.1.3　捆绑产品流程图

捆绑产品流程由市场推广部发起，首先由市场推广部创建捆绑计划，并提交给审计部进行审批，审计部审批通过后，由工程服务部根据捆绑计划进行设备采购，当设备到货后启用设备，然后由市场推广部继续进行市场推广流程。具体流程如图 3-3 所示。

```
捆绑产品：
每操作一次约需10~20分钟
```

市场推广部　审计部　工程部　设备制造商

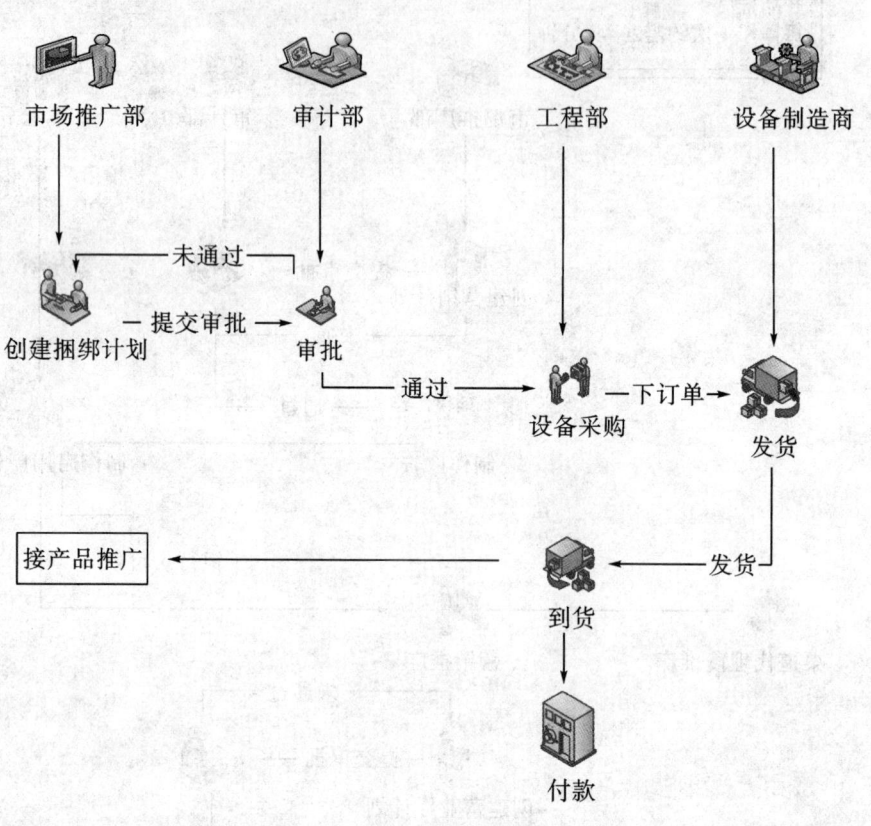

创建捆绑计划 —提交审批→ 审批 —未通过→（返回创建捆绑计划）

审批 —通过→ 设备采购 —下订单→ 发货

发货 → 到货 → 付款

到货 → 接产品推广

图 3-3　捆绑产品流程图

3.2.1.4　客服流程图

客服流程主要完成客户投诉处理。首先由客服部创建客户分层，并提交设备购买计划给审计部，审计部审计通过后，由工程部负责分析软件的采购；分析软件到货后，由客服部负责进行投诉分析，并根据分析结果创建客服中心，进行投诉处理。通过客服流程，可以提高产品的订购率。具体流程如图 3-4 所示。

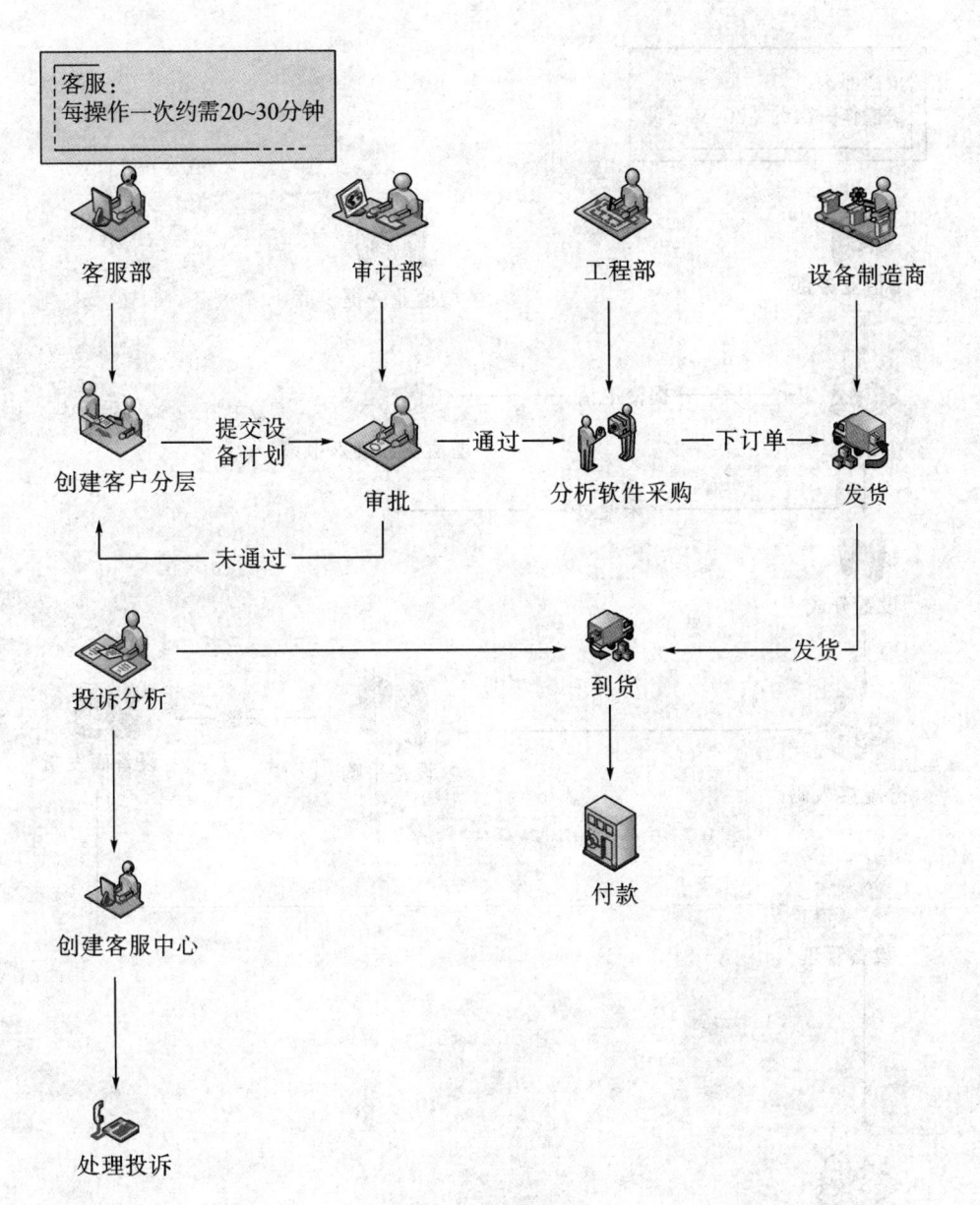

图 3-4　客服流程图

3.2.1.5　增值业务流程图

增值业务流程主要完成运营商与增值业务提供商之间的产品接入、收入分成设定、设备管理等功能。首先增值业务提供商需向运营商的增值业务部提交接入申请并洽谈分成比例，增值业务部审核通过后，设置分成，分配接入码；然后增值服务提供商需要向设备供应商采购接入设备，设备到货后要将设备放置于运营商处并启用，这样增值服务提供商的产品才能生效。增值业务具体流程如图 3-5 所示。

增值业务：
每操作一次约需20~30分钟

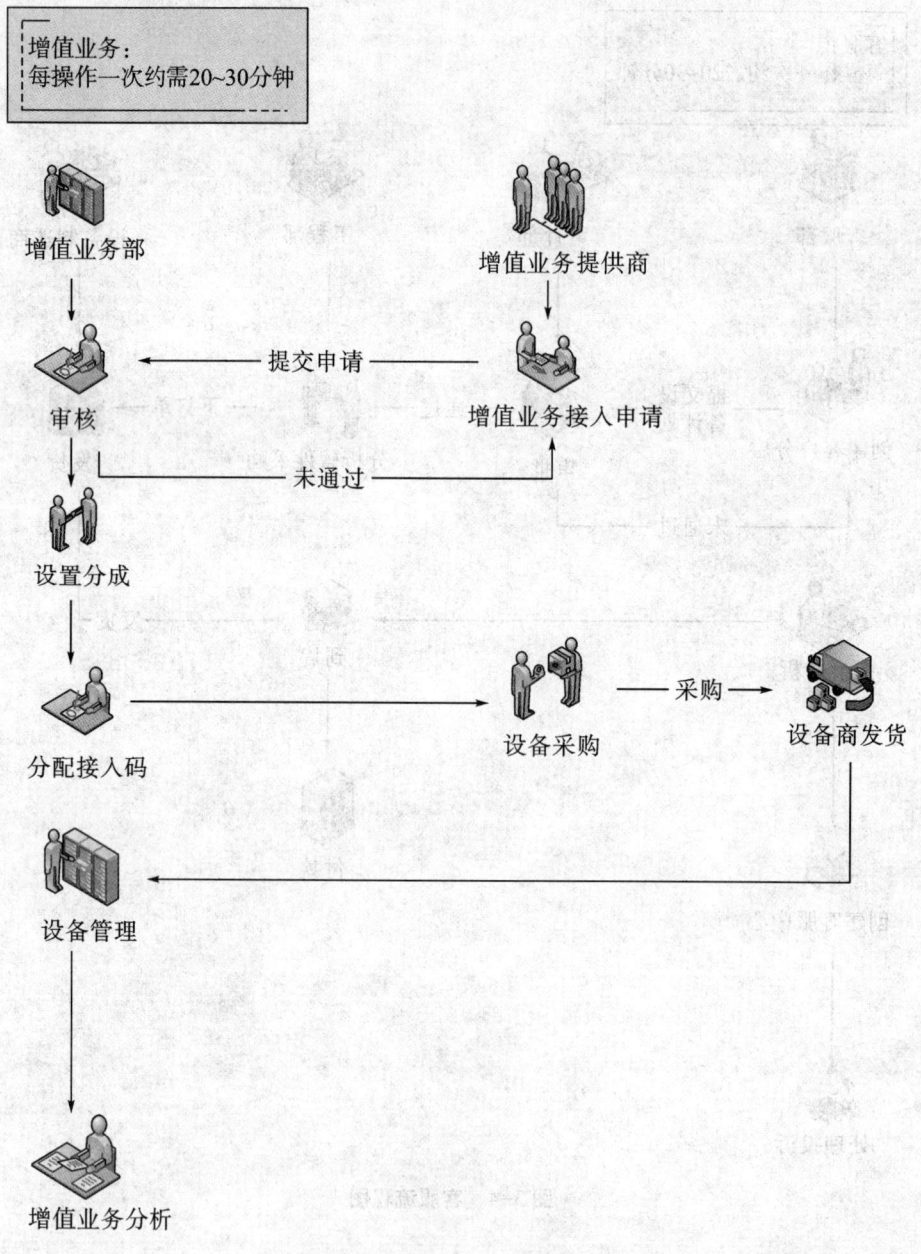

图 3-5 增值业务流程图

3.2.2 营销影响范围和区域

（1）电视作为大众媒体，传播信息速度快、范围广，受众也多，在提高舆论引导力方面有更大的空间。电视媒体对新闻价值最大化的追寻，很大程度上根植于新闻报道的可视性。电视媒体的影响力最高，同时成本也是最高的。电视媒体的等级分为电视媒体A1、电视媒体A2、电视媒体A3、电视媒体A4，影响力依次递减。

（2）在信息传播技术高度发达的当今社会，主流媒体向互联网传播领域延伸是大势所趋。谁占领了新兴媒体阵地，谁的传播手段就更先进、传播能力就更强大。互联网媒体的影响力比较高，成本也比较高。互联网媒体的等级分为互联网B1、互联网B2、互联网B3、互联网B4，影响力依次递减。

（3）平面媒体在整个广告当中是十分关键的一种载体。平面媒体的影响力一般，成本较低。平面媒体的等级分为平面媒体F1、平面媒体F2，影响力依次递减。

（4）随着人们旅游和休闲活动的增多以及高科技的广泛应用，户外媒体已成为广告主的新宠，其增长速度大大高于传统电视、报纸和杂志媒体。户外媒体市场的繁荣不仅带动了相关行业的发展，而且与我们的生活如影随形，并成为现代生活中不可缺少的组成部分。户外媒体的影响力最小，成本最低。户外媒体等级分为户外媒体G1、户外媒体G2，影响力依次递减。

3.3 实验准备

3.3.1 实验教师

3.3.1.1 创建学生账号和分配角色

（1）确保每人一台电脑，并且每台机器都能连上Internet及校园网；

（2）保证实验教学平台的正常访问；

（3）教师导入学生，并根据下面的角色分配表进行角色分配（见表3-2），学生角色分配实例如表3-2所示。

表 3-1　　　　　　　　　　角色分配情况表

角色	学生人数	基本人数	最大人数	描述
业务策划	6	3	6	电信，移动，联通，分别指定2人
增值业务部	0	0	0	
审计部	6	3	6	电信，移动，联通，分别指定2人（经理兼审计部）
市场推广	6	3	6	电信，移动，联通，分别指定2人
工程服务部	6	3	6	电信，移动，联通，分别指定2人
客服部	6	3	6	电信，移动，联通，分别指定2人
市场分析部	0			
设备制作商	4	2	8	设立2个设备制造商
渠道代理商	4	2	4	设立2个渠道代理商
广告代理商	4	2	4	设立2个广告代理商
通信管理局	1	1	2	

表3-1(续)

角色	学生人数	基本人数	最大人数	描述
银行	2	1	2	
工商局	0			
会计事务所	0			
公安局	0			
税务局	0			
增值业务提供商	0			
共计：	45			1. 少于45人，减少设备制造商、渠道商、广告商、通信管理局、银行、业务策划、市场推广（依次减少，注意不能少于基本人数）
				2. 多于45人，增加市场推广、业务策划、银行、通信管理局、广告商、渠道商、设备制造商（依次增加，注意不能多于最大人数）

表3-2　　　　　　　　　　学生角色分配实例

学号	姓名	性别	电话	角色	备注
11001001	测试1	男	13523453445	中国电信	经理
11001002	测试2	男	13523453446	中国电信	审计部
11001003	测试3	男	13523453447	中国电信	业务策划
11001004	测试4	男	13523453448	中国电信	业务策划
11001005	测试5	男	13523453449	中国电信	市场推广
11001006	测试6	男	13523453450	中国电信	市场推广
11001007	测试7	男	13523453451	中国电信	工程服务部
11001008	测试8	男	13523453452	中国电信	工程服务部
11001009	测试9	男	13523453453	中国电信	客服部
11001010	测试10	男	13523453454	中国电信	客服部
11001011	测试11	男	13523453455	中国移动	经理
11001012	测试12	男	13523453456	中国移动	审计部
11001013	测试13	男	13523453457	中国移动	业务策划
11001014	测试14	男	13523453458	中国移动	业务策划
11001015	测试15	男	13523453459	中国移动	市场推广
11001016	测试16	男	13523453460	中国移动	市场推广
11001017	测试17	男	13523453461	中国移动	工程服务部

表3-2(续)

学号	姓名	性别	电话	角色	备注
11001018	测试18	男	13523453462	中国移动	工程服务部
11001019	测试19	男	13523453463	中国移动	客服部
11001020	测试20	男	13523453464	中国移动	客服部
11001021	测试21	女	13523453465	中国联通	经理
11001022	测试22	女	13523453466	中国联通	审计部
11001023	测试23	女	13523453467	中国联通	业务策划
11001024	测试24	女	13523453468	中国联通	业务策划
11001025	测试25	女	13523453469	中国联通	市场推广
11001026	测试26	女	13523453470	中国联通	市场推广
11001027	测试27	女	13523453471	中国联通	工程服务部
11001028	测试28	女	13523453472	中国联通	工程服务部
11001029	测试29	女	13523453473	中国联通	客服部
11001030	测试30	女	13523453474	中国联通	客服部
11001031	测试31	女	13523453475	华为	
11001032	测试32	女	13523453476	华为	
11001033	测试33	女	13523453477	中兴通讯	
11001034	测试34	女	13523453478	中兴通讯	
11001035	测试35	女	13523453479	正智渠道代理公司	
11001036	测试36	女	13523453480	正智渠道代理公司	
11001037	测试37	女	13523453481	优邦渠道代理公司	
11001038	测试38	女	13523453482	优邦渠道代理公司	
11001039	测试39	女	13523453483	重庆杰力广告公司	
11001040	测试40	女	13523453484	重庆杰力广告公司	
11001041	测试41	女	13523453485	重庆巨鹏广告公司	
11001042	测试42	女	13523453486	重庆巨鹏广告公司	
11001043	测试43	女	13523453487	通信管理局	
11001044	测试44	女	13523453488	银行	
11001045	测试45	女	13523453489	银行	

3.3.1.2 设置实验时间

以教师角色登录，设置开始实验的时间：点击实验管理>实验时间管理，进入实验时间管理页面；进入新增实验时间管理页面，选择实验开始时间，填入实验开始时间（最长设置时间 40 分钟，建议设置时间 20 分钟）。实验时间管理内容如图 3-6 所示。

注意：每次实验结束后，教师需结束实验时间。从第二次课开始，若为不同班级上课，管理员需切换到对应的数据源上课。

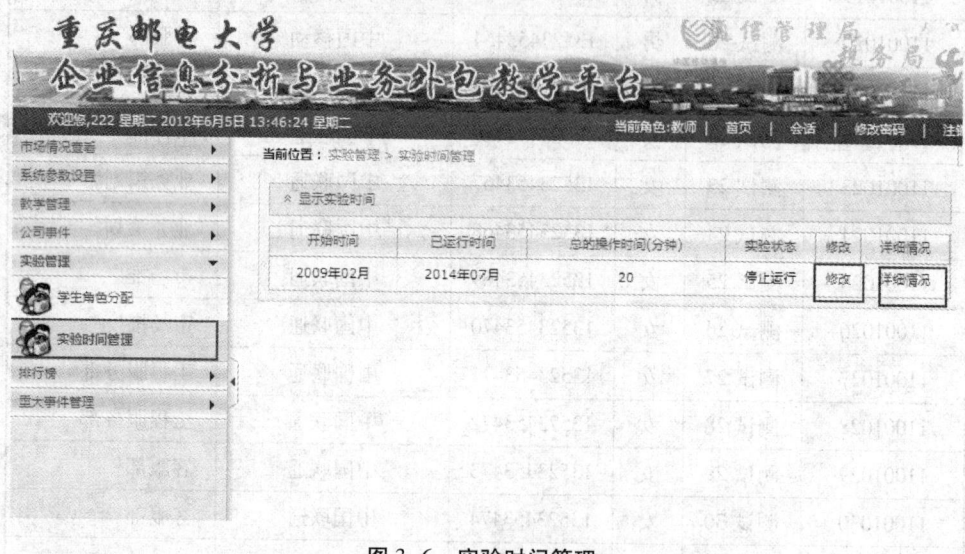

图 3-6 实验时间管理

点击"修改"列中的【修改】，对实验时间进行修改，如图 3-7 所示。

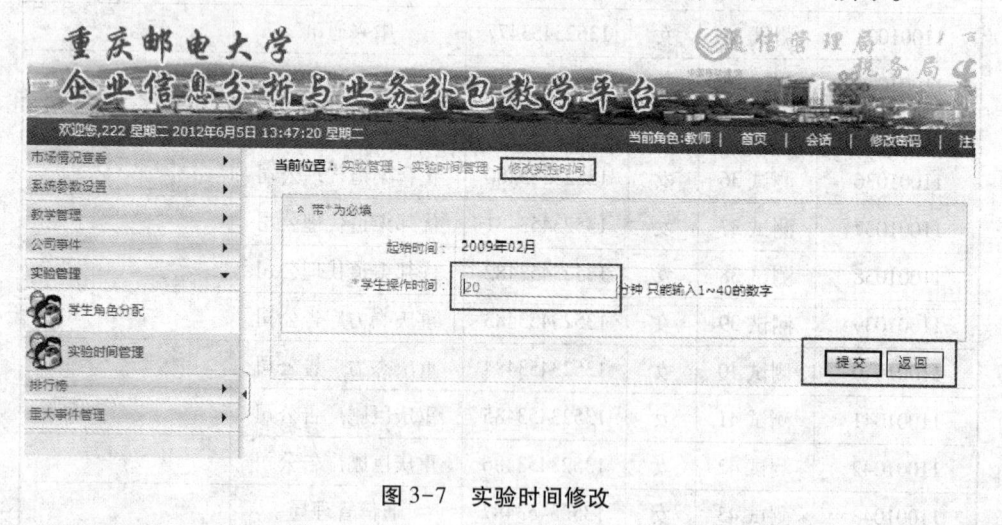

图 3-7 实验时间修改

根据输入框后的描述要求录入"学生操作时间"，点击【提交】按钮即可保存修改的时间，若不需要修改点击【返回】按钮即可。

点击"详细情况"，对实验班级进行数据库启用或是更改实验班级的数据库启用，继续实验，如图 3-8 所示。

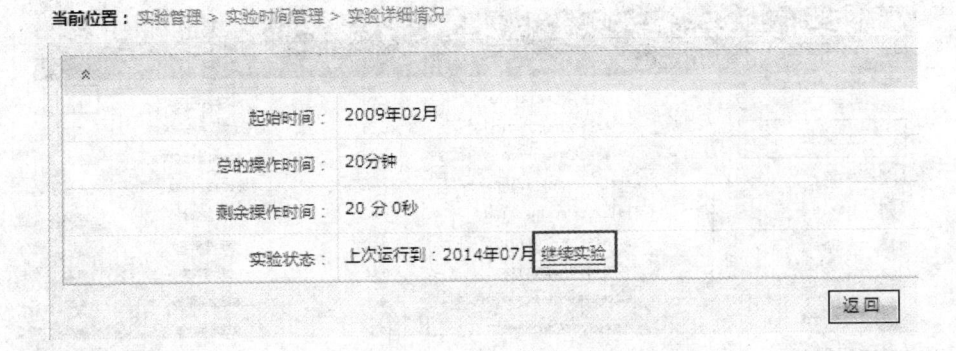

图 3-8　继续实验

图 3-8 为实验关闭状态，点击"继续实验"将开启实验，学生便可进行操作。图 3-9 所示的结束实验显示的当前实验情况为："学生操作中"。

图 3-9　结束实验

点击"结束实验"，将不允许学生进行操作。

3.3.1.3　设置系统参数

以教师角色登录，对系统参数进行设置。

系统参数设置：在系统参数设置列表中，点击修改，如图 3-10 所示。

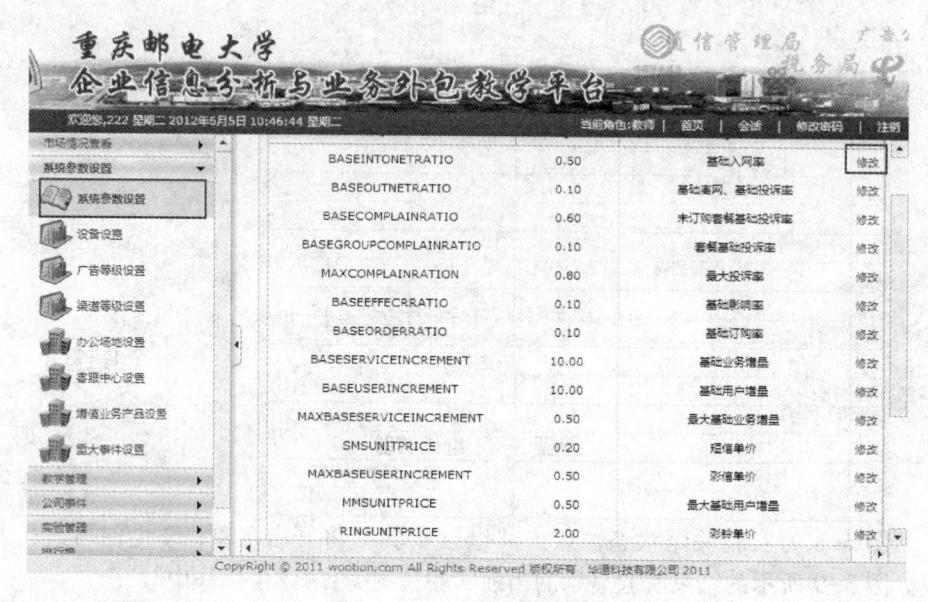

图 3-10　参数配置

3.3.2　实验学生

（1）中国电信、中国移动、中国联通三个运营公司的总经理根据表 3-2 这一角色分配表给小组成员分配部门职位。

注意：职业介绍所的学生需要在规定的时间内根据角色分配表切换岗位，角色分配表中有规定的时间范围。

（2）业务策划部门的同学下载产品设计器

业务策划部门的同学登录后，点击产品管理>产品计划，在产品计划页面，点击【产品设计器下载】按钮，将产品设计器下载保存到本地磁盘，并解压文件，如图 3-11 所示。

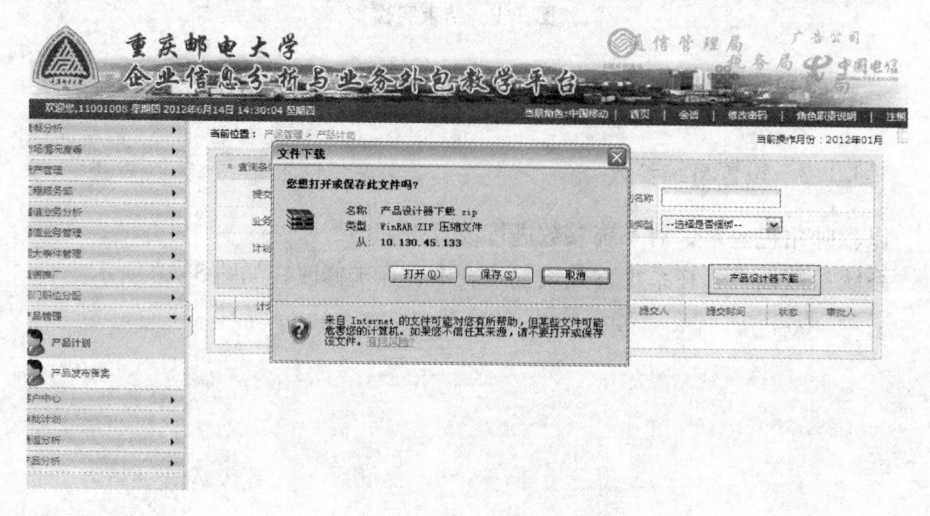

图 3-11　产品设计器下载

(3) 业务策划部门的同学配置好产品设计器。产品设计器配置如下（产品设计器\config\config.properties 文件）：

driver=oracle.jdbc.driver.OracleDriver
url=jdbc：oracle：thin：@172.22.4.71:1521:wootion
name=online14
password=online14

根据实际的上课环境修改下划线部分内容。（询问老师）

扮演业务策划部门角色的同学实验时点击 产品设计器.exe 图标设计产品，具体操作请参照实验内容及指导。

3.4 实验内容及步骤

3.4.1 套餐业务产品的制定

3.4.1.1 实验任务

(1) 业务策划部新建产品计划并通过审核。
(2) 业务策划部进行产品设计。
(3) 业务策划部进行产品备案。
(4) 业务策划部发布产品。

3.4.1.2 实验说明

参照产品研发流程图（见图 3-1）进行产品的研发备案和发布。第一步，由业务策划部提出产品计划并报审计部审核；第二步，审核通过后，由业务策划部进行产品设计，设计该套餐的容量及价格；第三步，由业务策划部把产品提交通信管理局备案；第四步，通信管理局备案通过后，由业务策划部发布产品。

3.4.1.3 操作步骤

(1) 业务策划部门新建产品计划。

学生以业务策划部角色登录教学平台，点击产品管理 > 产品计划，点击新建产品计划，如图 3-12 所示。

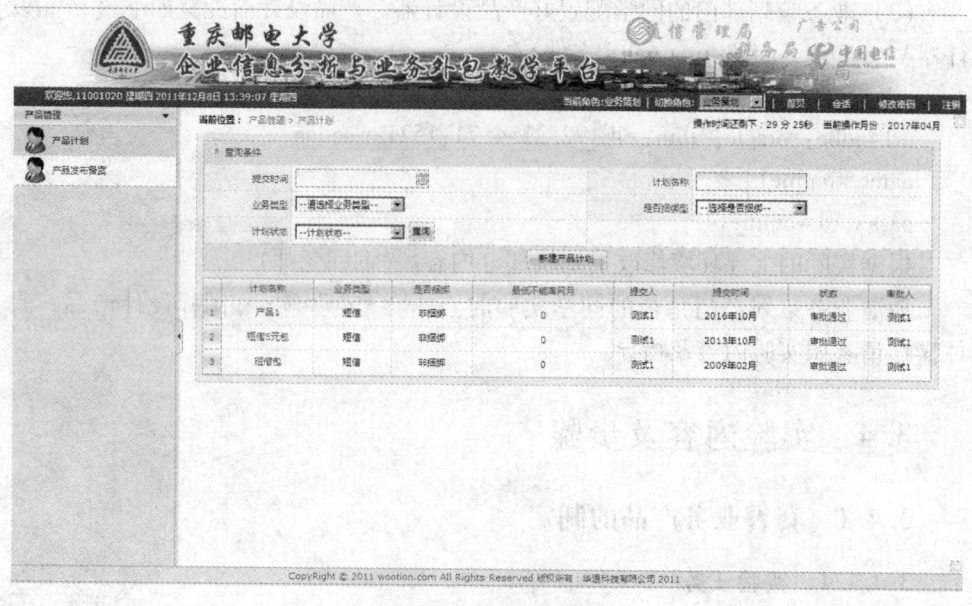

图 3-12 产品计划

输入计划名称（如：短信一元包），选择业务类型、是否为捆绑套餐，上传产品计划报告.doc，点击提交，如图 3-13 所示。

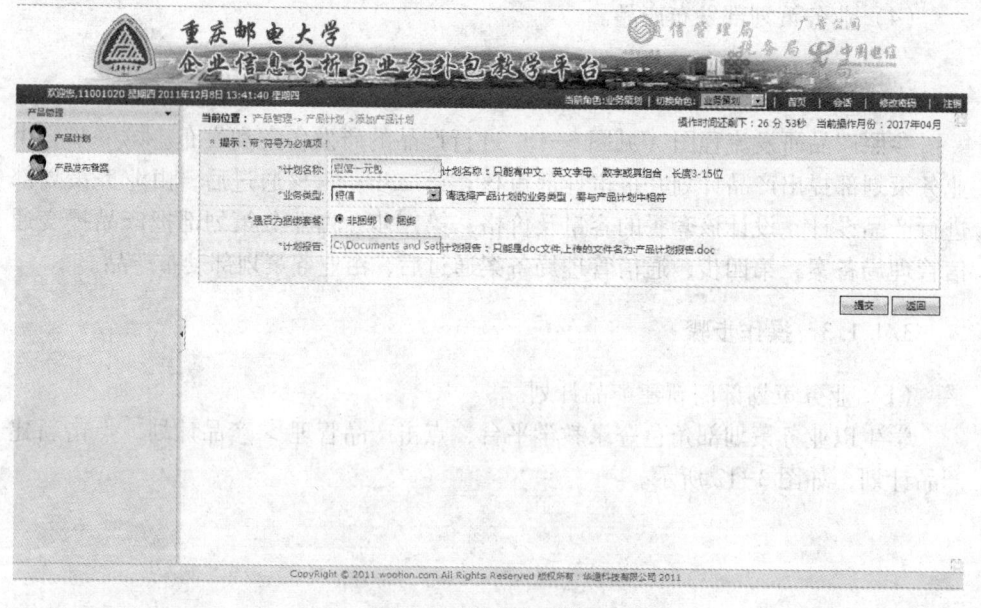

图 3-13 新建产品计划

（2）审计部门审批。

学生以审计部角色登录教学平台，点击审批计划>产品计划审批：点击审批，如图 3-14 所示。

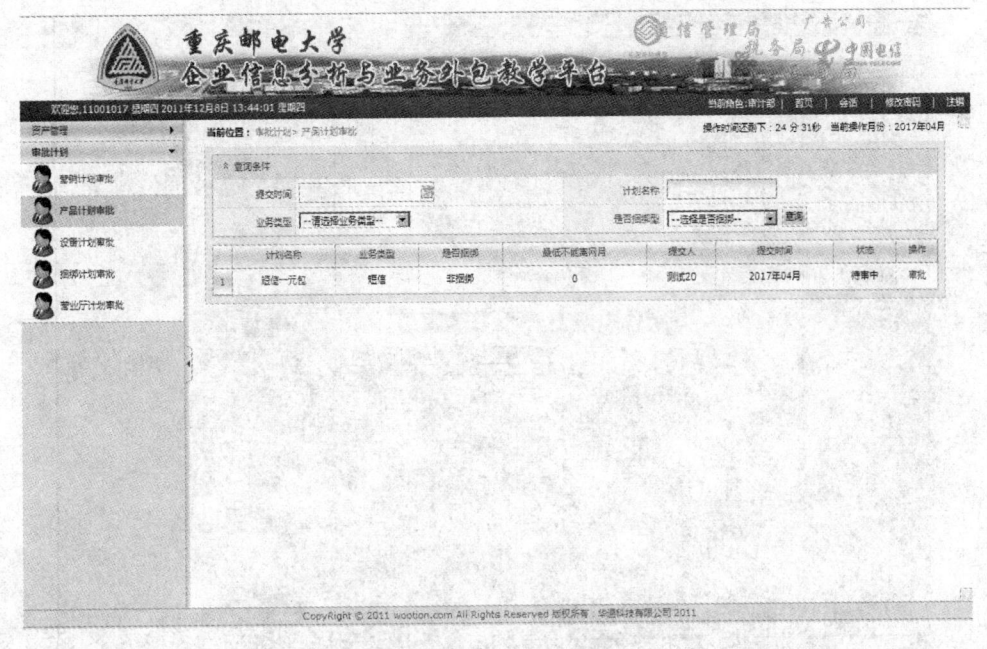

图 3-14 产品计划审批

(3) 审批通过后，业务策划部门进入产品设计器设计产品：点击 产品设计器.exe 图标，输入业务策划部门同学的学号登录，如图 3-15 所示。

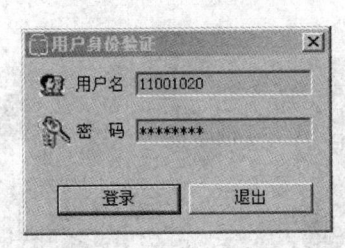

图 3-15 产品设计器登录

图 3-16 为产品设计器登录图，点击蓝色图标新建流程，套餐计划处选择刚建立的产品（短信一元包），输入流程名称，点击确定。

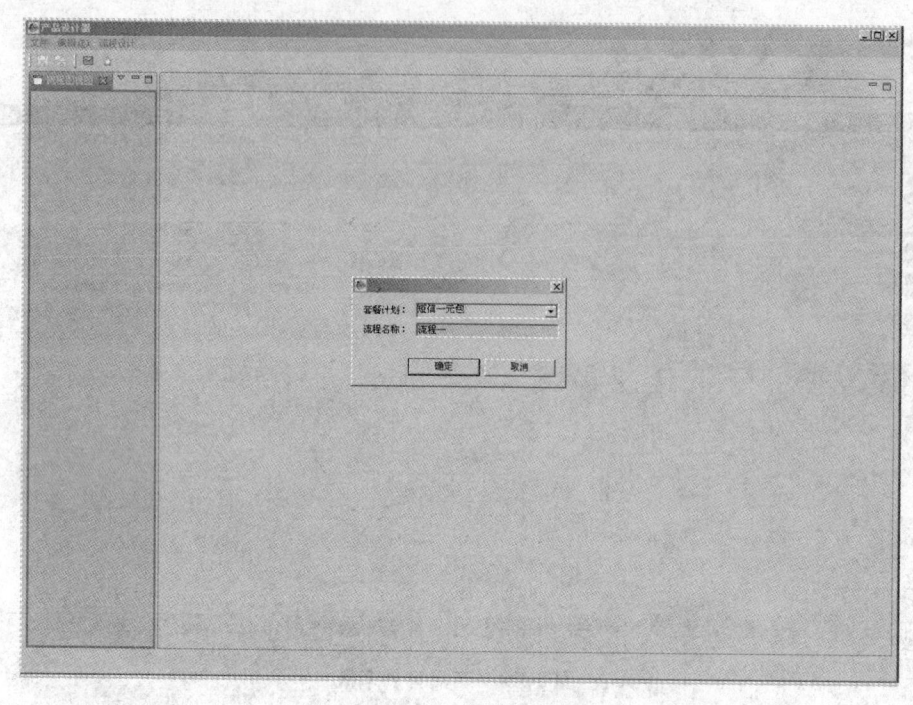

图 3-16 新建流程

双击流程一，选择组件：开始、套餐、套餐分档、套餐条数、套餐资费。双击套餐，可修改套餐分档、套餐条数、套餐资费组件以及设计产品，如图 3-17 所示。

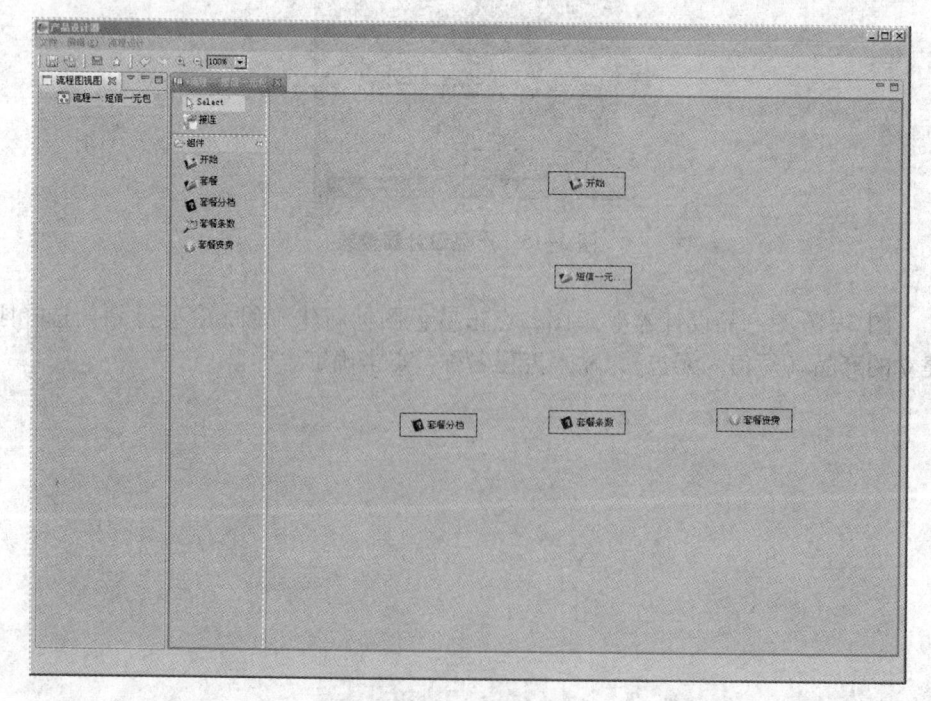

图 3-17 选择组件

点击接连，接连各个组件（见图3-18）。

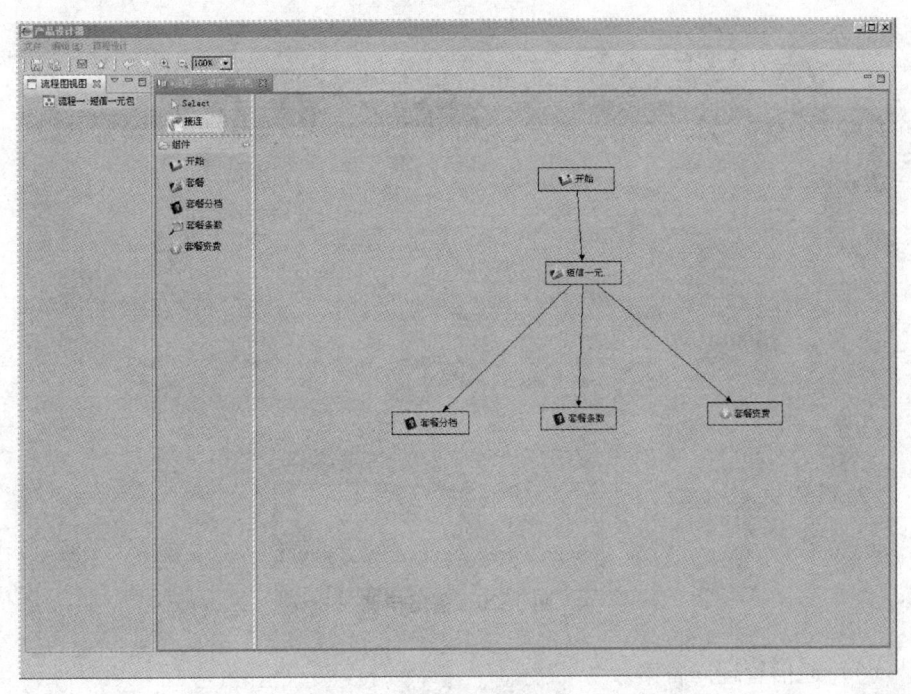

图 3-18　接连各个组件

点击左上角 ☆ 处生成流程（见图3-19）。

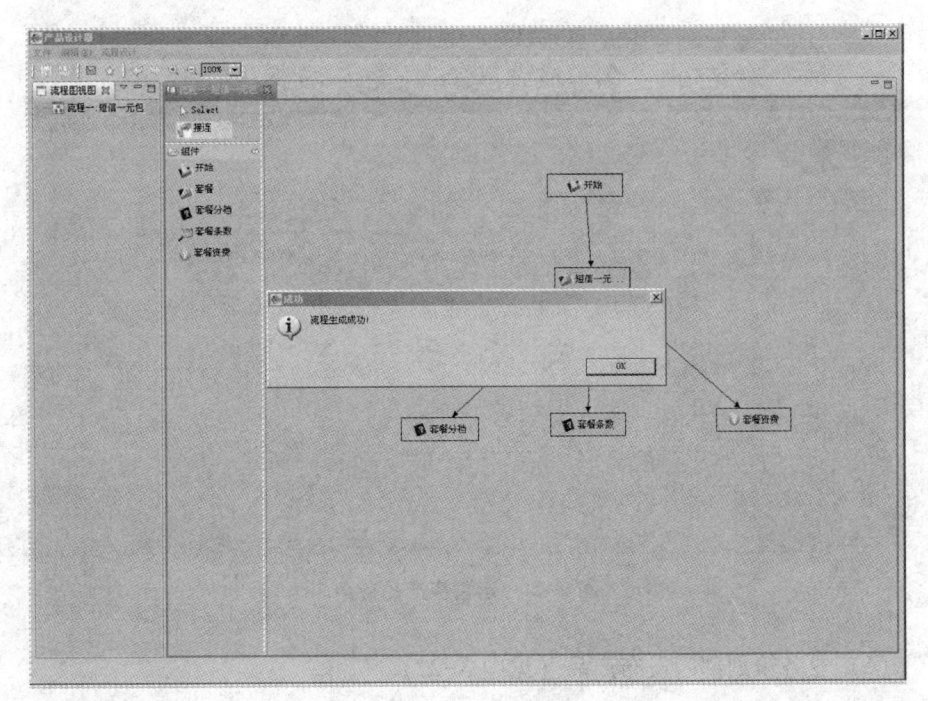

图 3-19　生成流程

(4)业务策划部门备案申请(通过通信管理局)(见图3-20)。

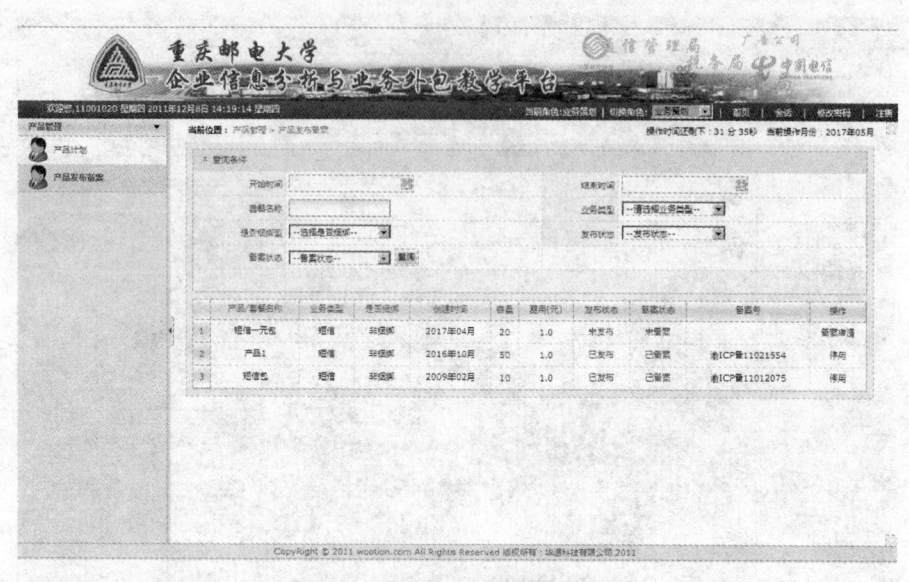

图 3-20　备案申请

(5)通信管理局备案。

学生以通信管理局角色登录教学平台,点击通信管理局备案 > 电信运营商产品备案,如图3-21所示。

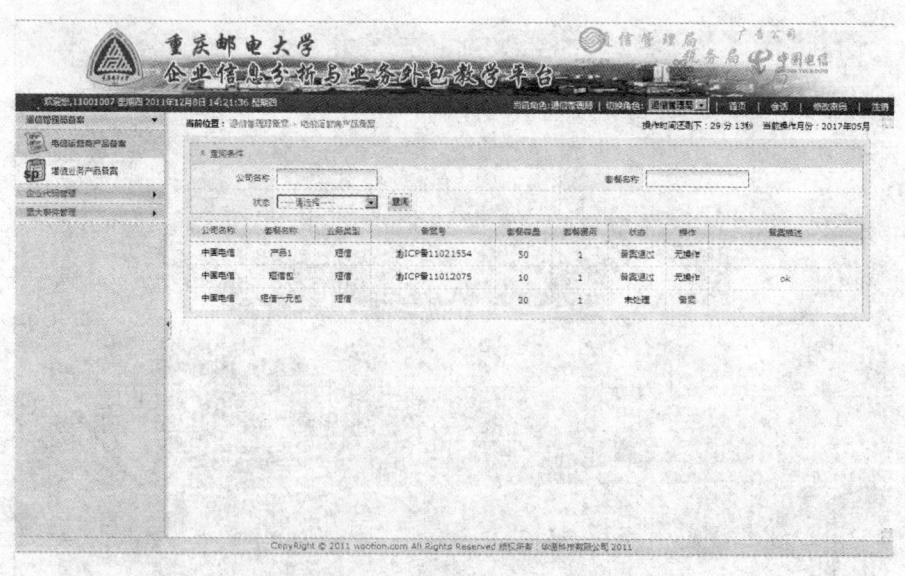

图 3-21　运营商产品备案

(6)业务策划部门发布产品(见图3-22)。

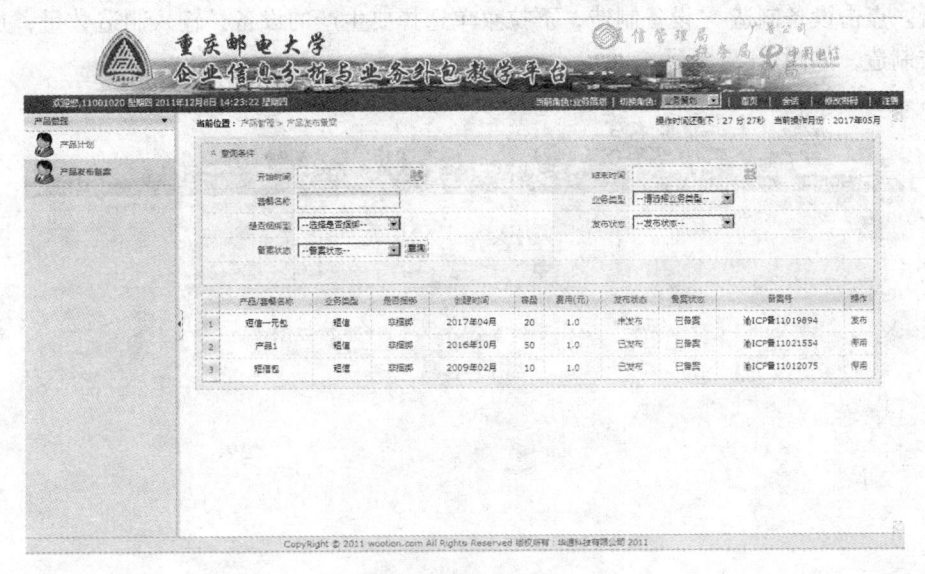

图 3-22　产品发布

3.4.1.4　注意事项

（1）在设计套餐的价格和套餐的条数的时候应合理设置，如果设置不当会影响用户数，造成没有用户使用的情况或是价格过低导致收支严重不平衡。例如，30~50 条的短信套餐的价格可以设置为 3 元。

（2）套餐在提交备案后就不允许再登录产品设计器进行修改，如果套餐不满足要求可以停用该套餐，可重新设计一个产品套餐来满足市场需求和客户需求。

（3）不同套餐需要不同的设备，必须由工程服务部购买相关设备并启用才能发布产品。

3.4.2　设备制造

3.4.2.1　实验任务

设备制造商制造运营商所需的通信硬件，开发运营商所需的软件。

3.4.2.2　实验说明

设备制造商负责制造和开发运营商需要的硬件和软件，设备制造商只有制造和开发了硬件和软件后，运营商才能购买设备。设备制造商可以根据市场需求按订单生产，也可以提前生产。设备制造商生产需要一定的成本，通过把产品卖给运营商来赚取利润；生产需要一定的周期，当期开始生产，下期才能生产成功。

3.4.2.3　操作步骤

（1）设备供应商生产设备。

学生以设备供应商（系统默认有中兴通讯或者华为）角色登录实验教学平

台。点击设备制造 > 设备制造，下拉菜单选择要生产的设备，输入制造数量，点击制造，如图 3-23 所示。

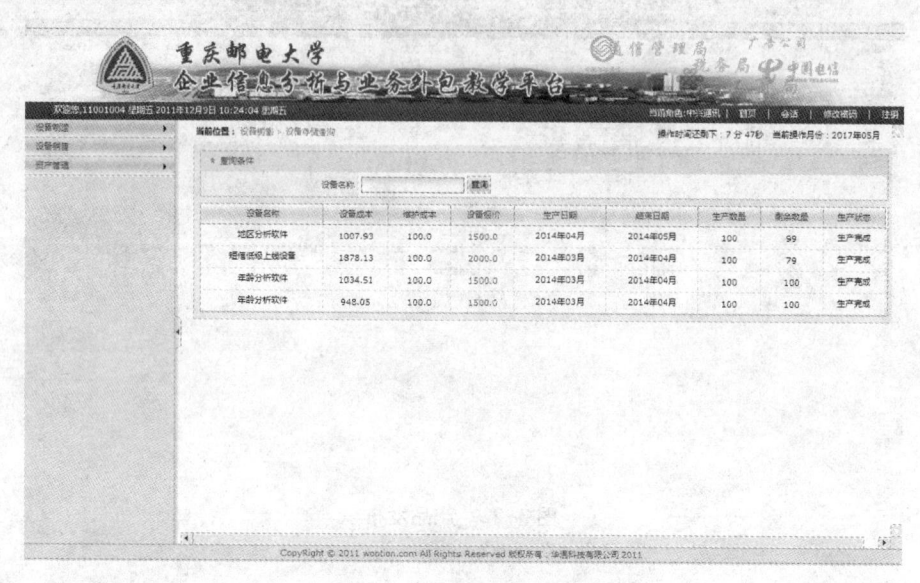

图 3-23 设备供应商登录

注意：所有硬件高级设备生产周期为 3 个月，硬件中级设备生产周期为 2 个月，硬件低级设备生产周期为 1 个月，如图 3-24 所示。

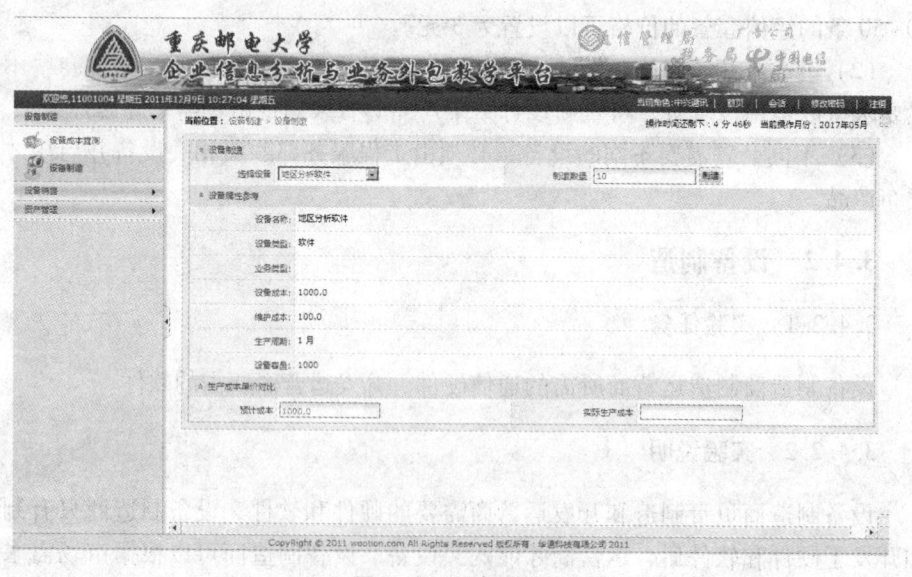

图 3-24 设备制造

（2）查看设备生产状态。

点击设备销售 > 设备存储查询，可查看存储的设备，设备状态，如图 3-25 所示。

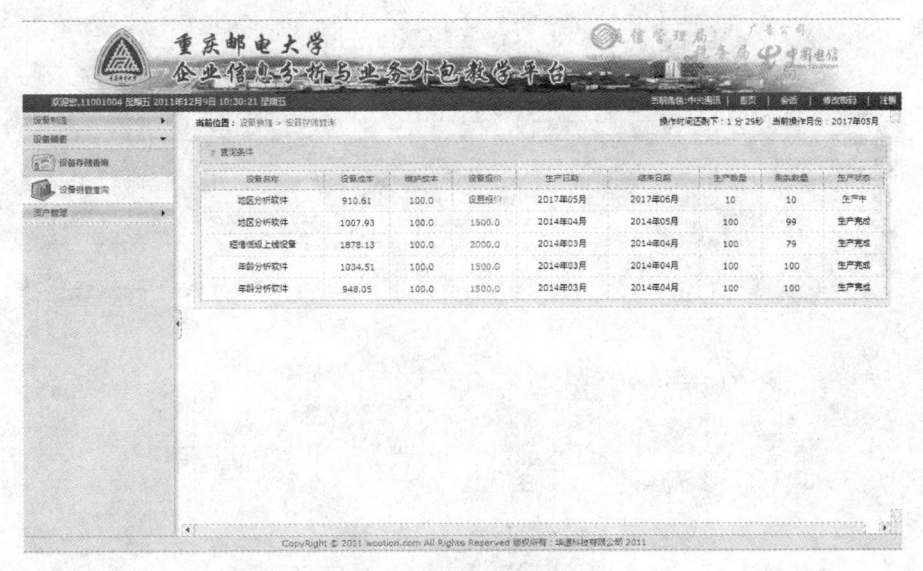

图 3-25　设备存储查询

3.4.2.4　注意事项

所有硬件高级设备生产周期为 3 个月，硬件中级设备生产周期为 2 个月，硬件低级设备生产周期为 1 个月。

3.4.3　设备购买

3.4.3.1　实验任务

工程服务部通过和设备制造商洽谈业务，下订单采购需要的设备。

3.4.3.2　实验说明

业务产品研发备案后，需要工程服务部购买产品需要的设备并安装启用后，才能发布该产品。参照产品研发流程图（见图 3-1）。第一步，工程服务部创建采购计划并报审计部审批；第二步，审批通过后，向某设备制造商下采购订单；第三步，通过银行转账支付设备采购费用；第四步，设备制造商查询到账后发货；第五步，工程服务部启用设备。

3.4.3.3　操作步骤

（1）工程服务部购买设备，下订单。

学生以工程服务部角色登录教学平台，点击工程服务部 > 设备采购 > 采购计划，创建采购计划，上传设备购买计划.doc，点击提交，如图 3-26 所示。

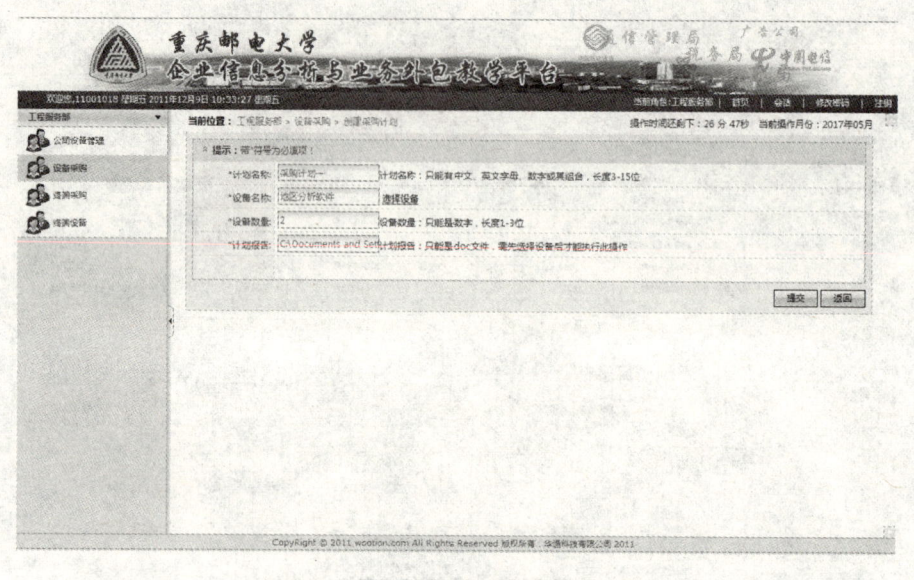

图 3-26　创建采购计划

（2）审计部审批：对采购计划进行审批。

点击审批计划 > 设备计划审批，通过，如图 3-27 所示。

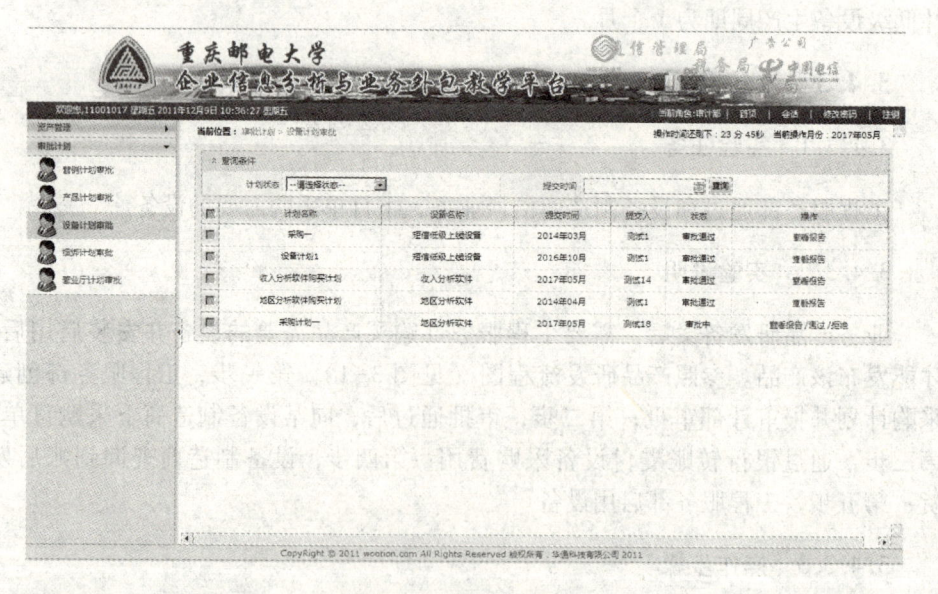

图 3-27　设备计划审批

（3）工程服务部：根据采购计划在设备提供商处下订单购买（见图 3-28）；点击设备采购（见图 3-29）。

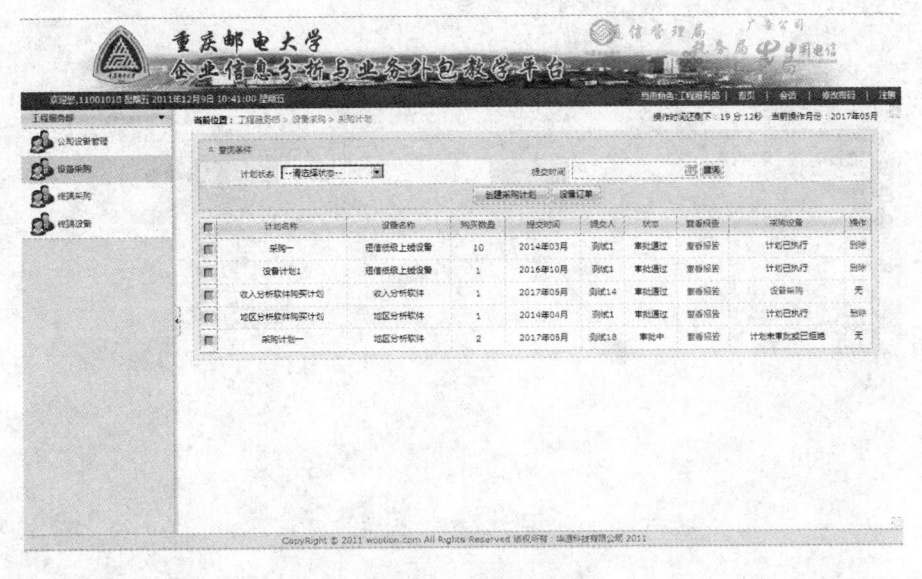

图 3-28 设备采购

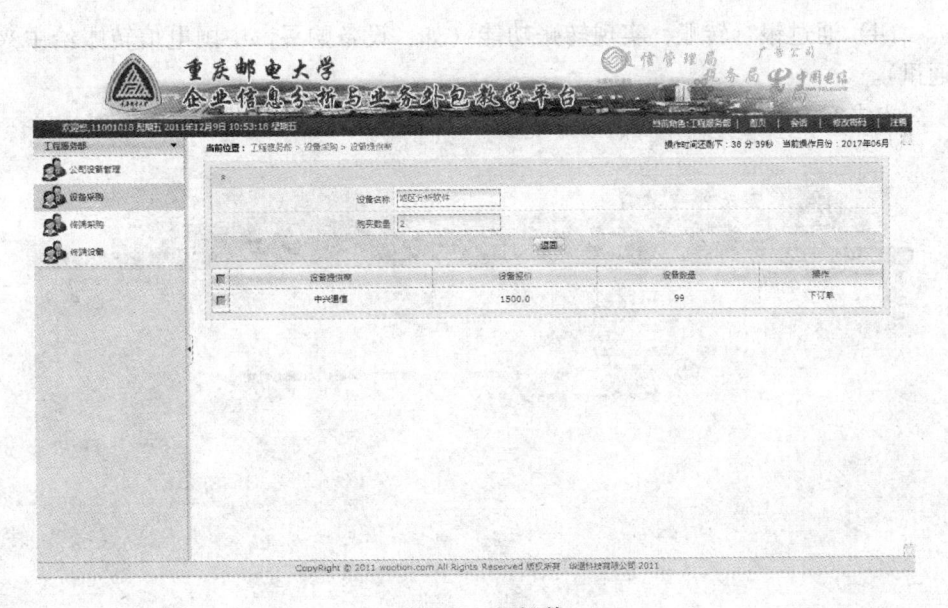

图 3-29 下订单

点击下订单,提交(见图 3-30)。

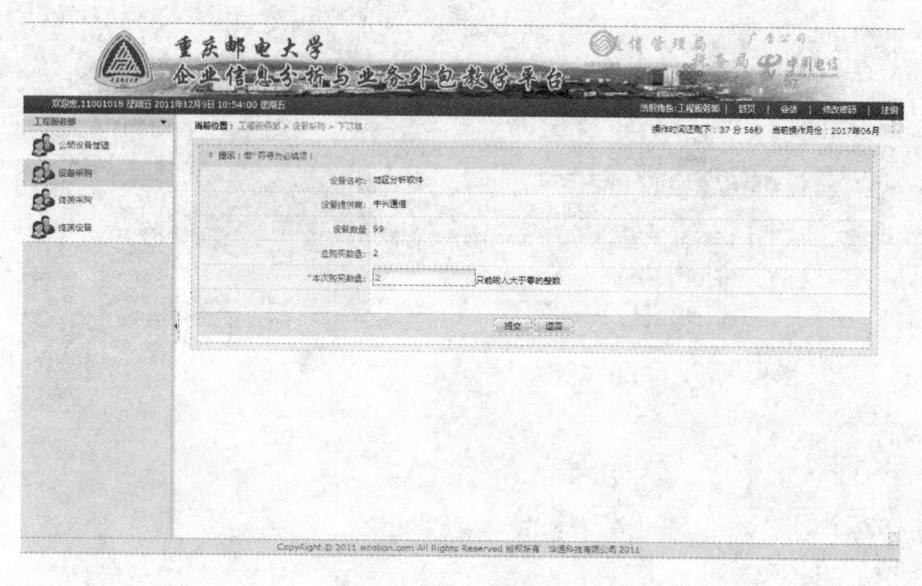

图 3-30　订单信息

(4) 通过银行转账，实现转账功能（如：设备购买，中国电信转账给中兴通讯）。

点击客户账户管理 > 转账，点击提交，如图 3-31 所示。

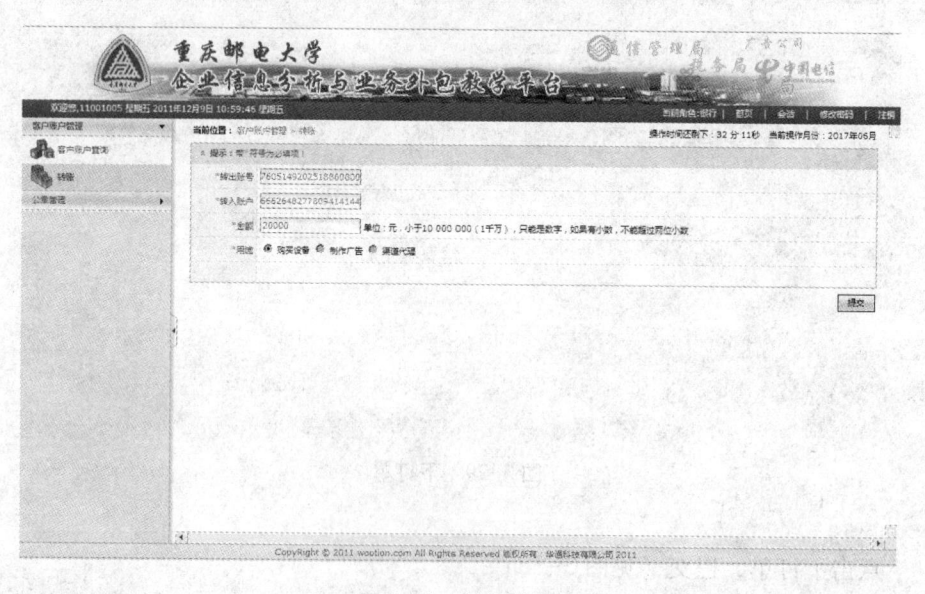

图 3-31　银行转账

转账成功后，设备提供商查询是否到账，点击资产管理 > 账务查看，如图 3-32 所示。

图 3-32　账务查看

(5) 设备提供商确认到货（发货）。

点击设备销售 > 设备销售查询，到货，如图 3-33 所示。

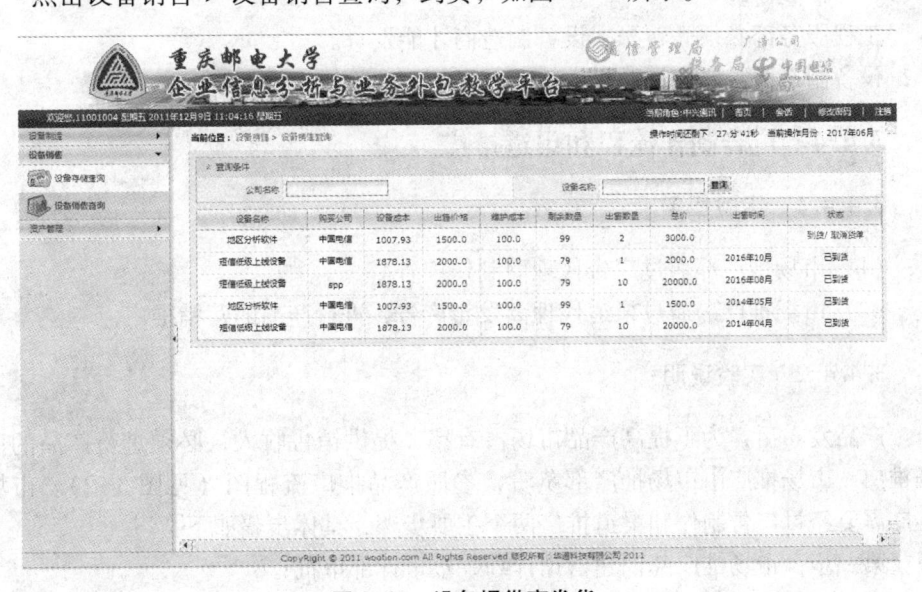

图 3-33　设备提供商发货

(6) 工程服务部启用设备。

点击工程服务部 > 公司设备管理，启用；设备购买，安放成功，如图 3-34 所示。

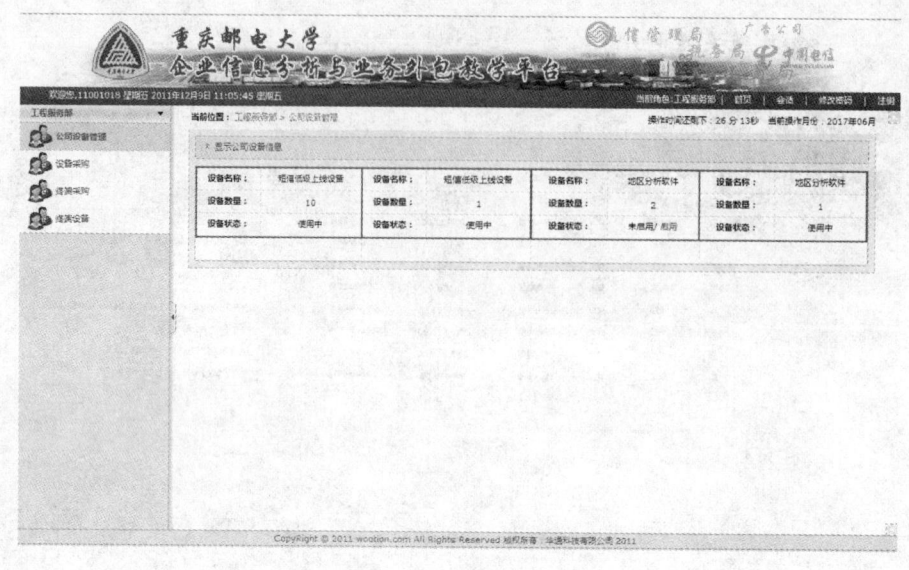

图 3-34　设备安放

3.4.3.4　注意事项

工程服务部必须先转账，设备制造商才能发货。
设备制造商需要启用购买的设备。

3.4.4　广告制作流程和渠道推广

3.4.4.1　实验任务

（1）市场推广部通过广告代理商制作广告。
（2）市场推广部通过渠道代理商发布广告，进行产品的营销推广。

3.4.4.2　实验说明

　　产品发布后，为了提高产品市场占有率，提供销售收入，必须进行产品的市场推广。市场推广由市场推广部负责，参照产品推广流程图（见图 3-2）。市场推广需要经过广告制作和渠道推广两个主要步骤，具体步骤如下：
　　第一步，市场推广部创建营销计划并报审计部审批；
　　第二步，审批通过后，市场推广部选择一家广告公司进行广告制作；
　　第三步，广告公司结束广告制作请求，并设置广告制作费用；
　　第四步，市场推广部通过银行转账给广告公司；
　　第五步，银行转账成功后，广告公司制作广告并启用，广告制作成功；
　　第六步，市场推广部选择渠道代理公司进行营销推广；
　　第七步，渠道代理公司设置费用；
　　第八步，市场推广部通过银行转账给渠道代理公司；
　　第九步，银行转账成功后，渠道代理公司启用代理产品。

3.4.4.3 操作步骤

（1）市场推广部创建营销。

学生以市场推广部角色登录教学平台，点击营销推广 > 营销计划 > 创建营销计划，上传营销计划报告.doc，点击提交，如图 3-35 所示。

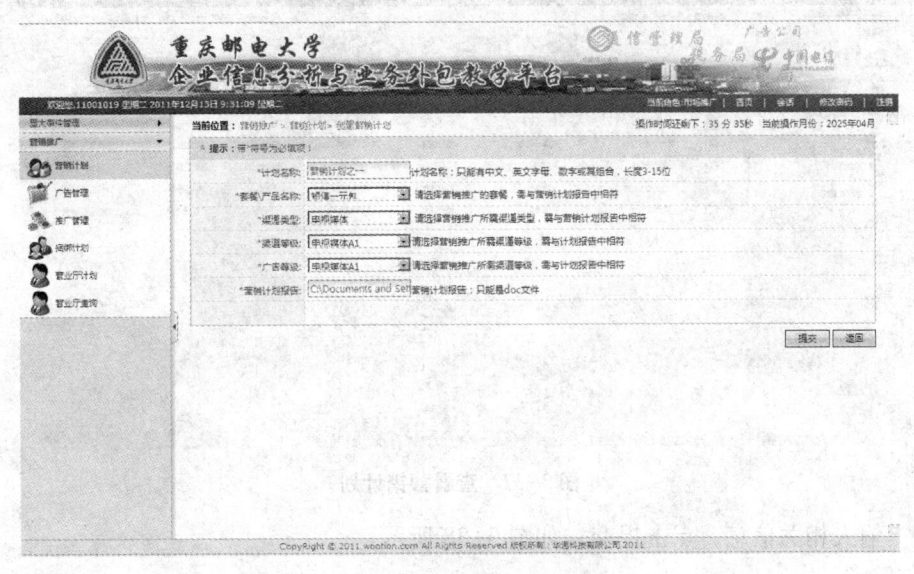

图 3-35 创建营销计划

（2）审计部审批该计划。

点击审批计划 > 营销计划审批，通过，如图 3-36 所示。

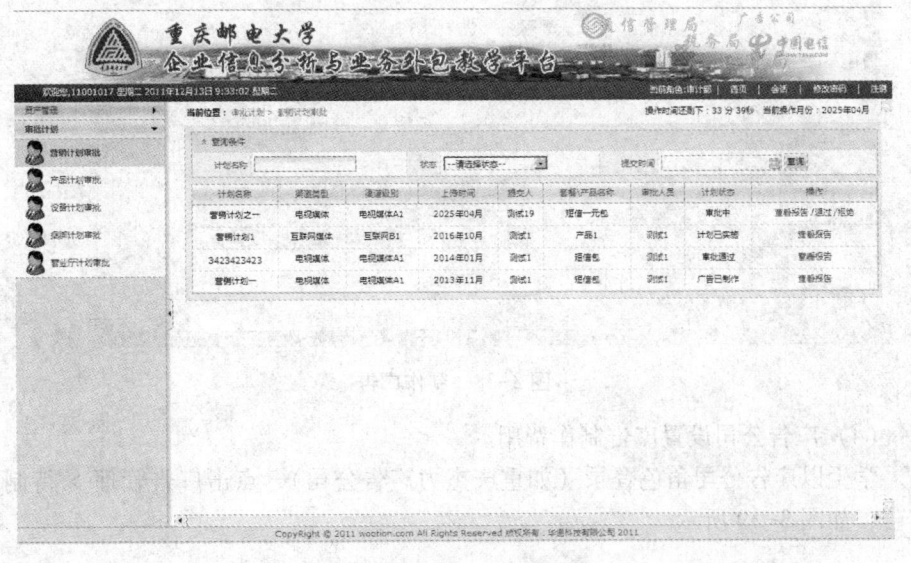

图 3-36 营销计划审批

(3) 市场推广部制作广告。

审批通过之后，市场推广勾选刚刚通过的营销计划，点击制作广告，如图 3-37 所示。

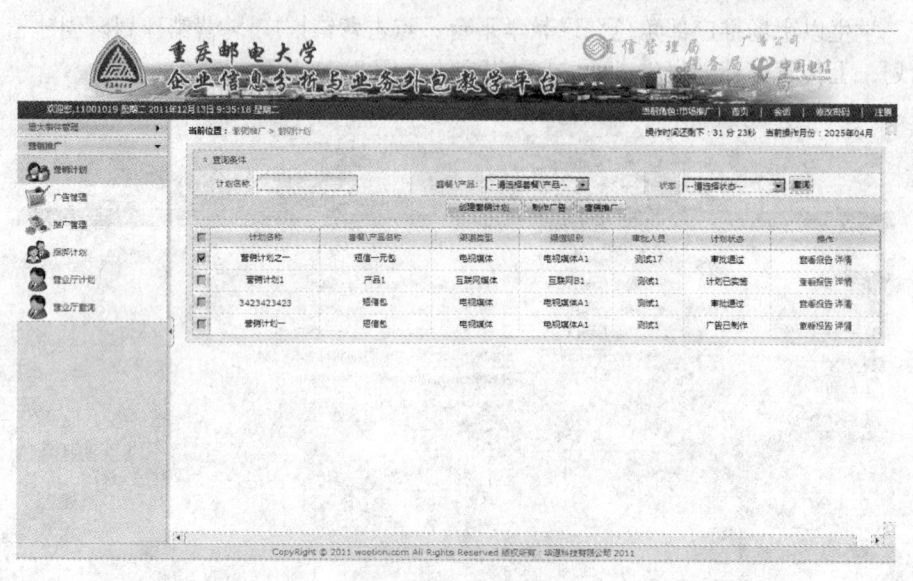

图 3-37 查看营销计划

输入相关信息，点击提交，如图 3-38 所示。

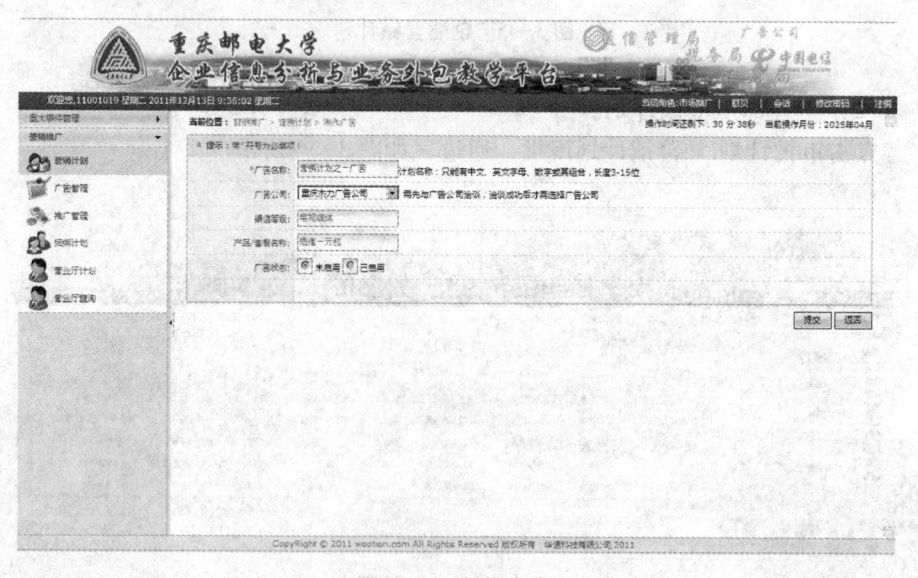

图 3-38 制作广告

(4) 广告公司设置广告制作费用。

学生以广告公司角色登录（如重庆杰力广告公司），点击广告管理 > 待制作广告，如图 3-39 所示。

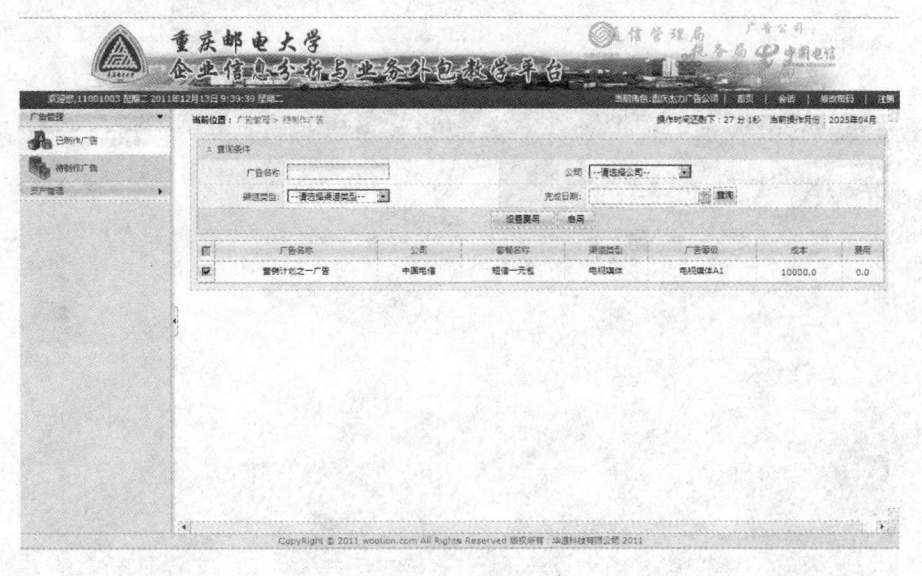

图 3-39 待制作广告

勾选要制作的广告，设置费用，点击提交，如图 3-40 所示。

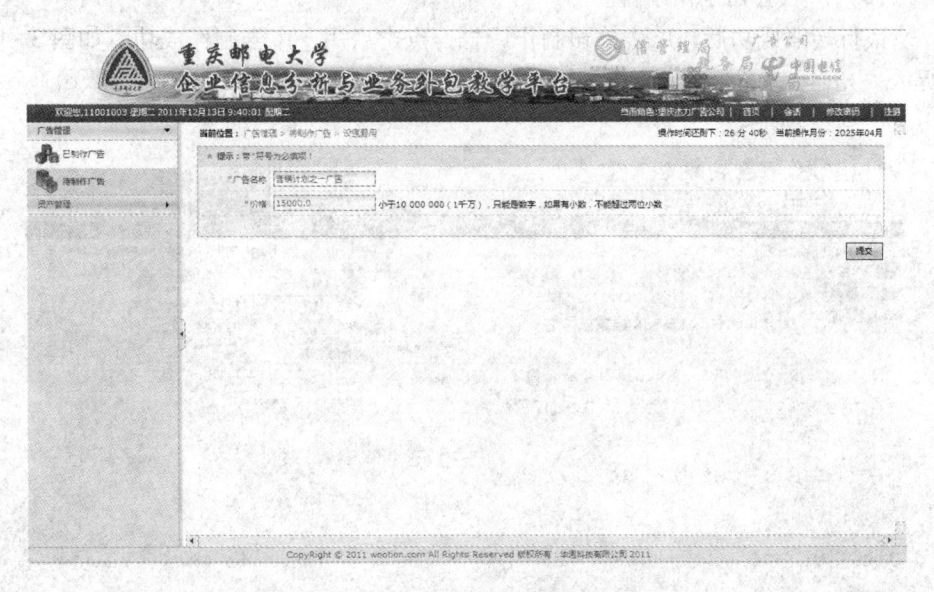

图 3-40 设置广告费用

（5）银行进行转账。

学生以银行角色登录，点击客户账户管理 > 转账（中国电信转账给重庆杰力广告公司），用途选择制作广告，点击提交，如图 3-41 所示。

图 3-41　银行转账

(6) 广告公司制作广告。

银行转账成功后，广告公司制作广告，点击启用，广告制作成功，如图 3-42 所示。

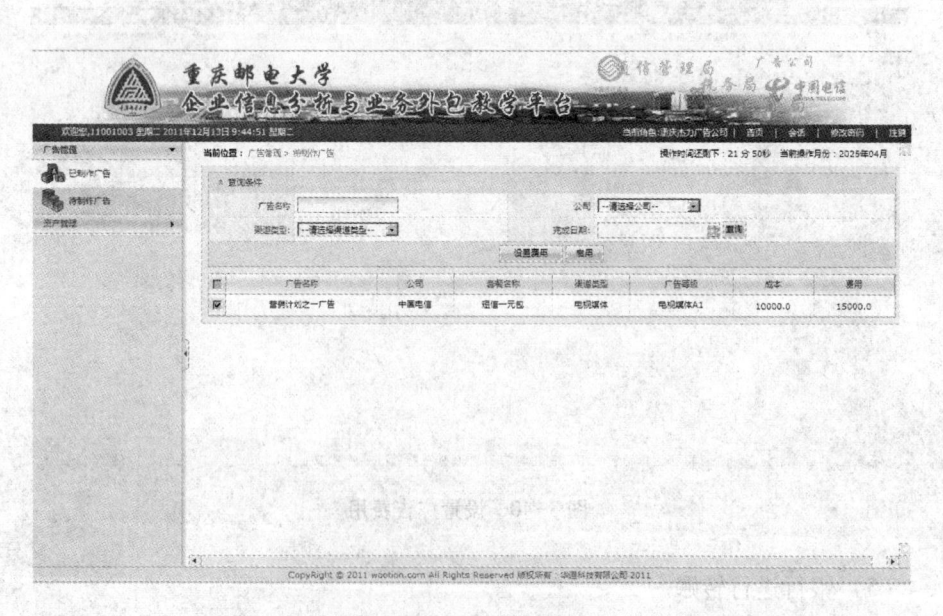

图 3-42　广告制作成功

(7) 市场推广部进行营销推广。

市场推广部点击营销推广 > 营销计划，勾选要进行营销推广的计划名称（营销计划之一），点击营销推广，如图 3-43 所示。

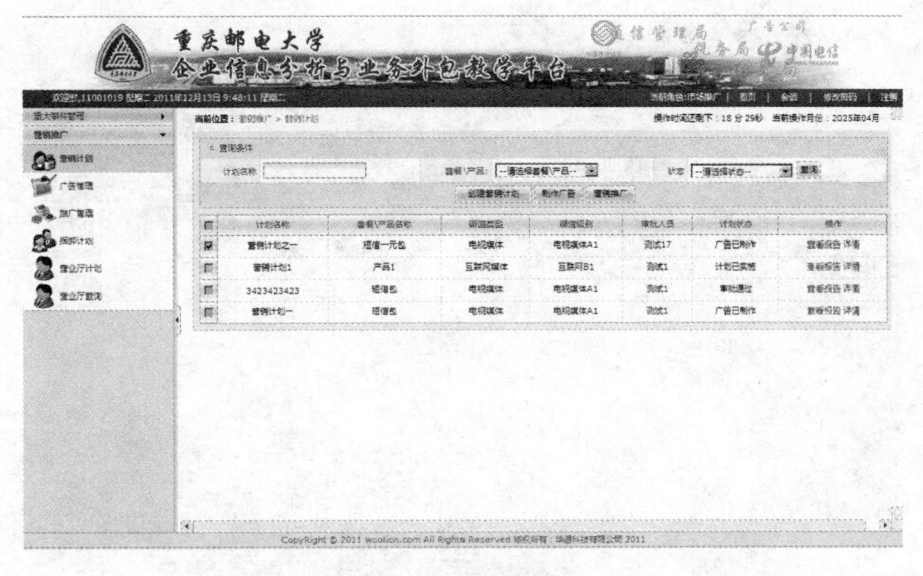

图 3-43 营销推广

选择渠道代理商（如正智渠道代理公司），点击提交，如图 3-44 所示。

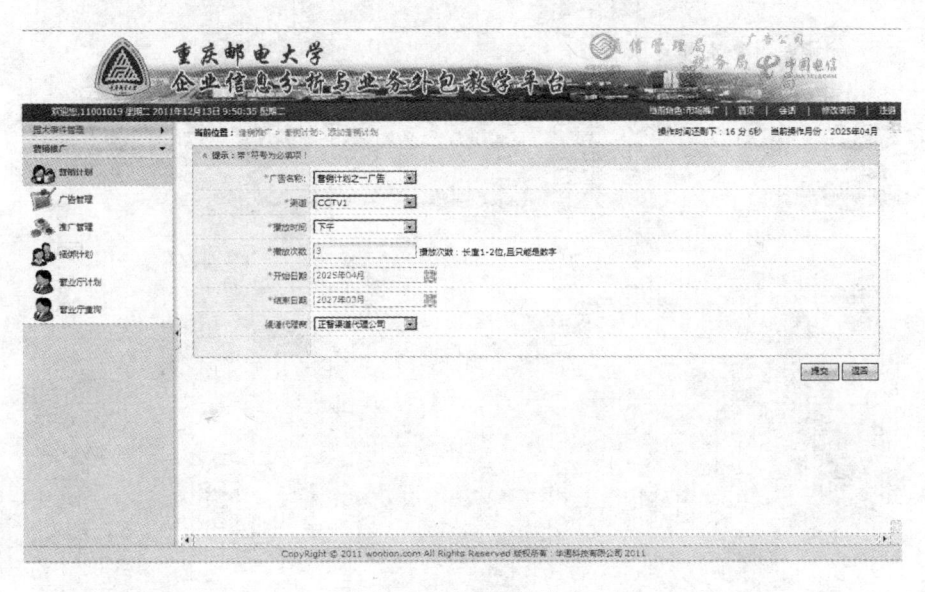

图 3-44 设置营销推广

（8）渠道代理公司设置费用。

学生以正智渠道代理公司角色登录系统，点击渠道商业务管理 > 待洽谈业务，如图 3-45 所示。

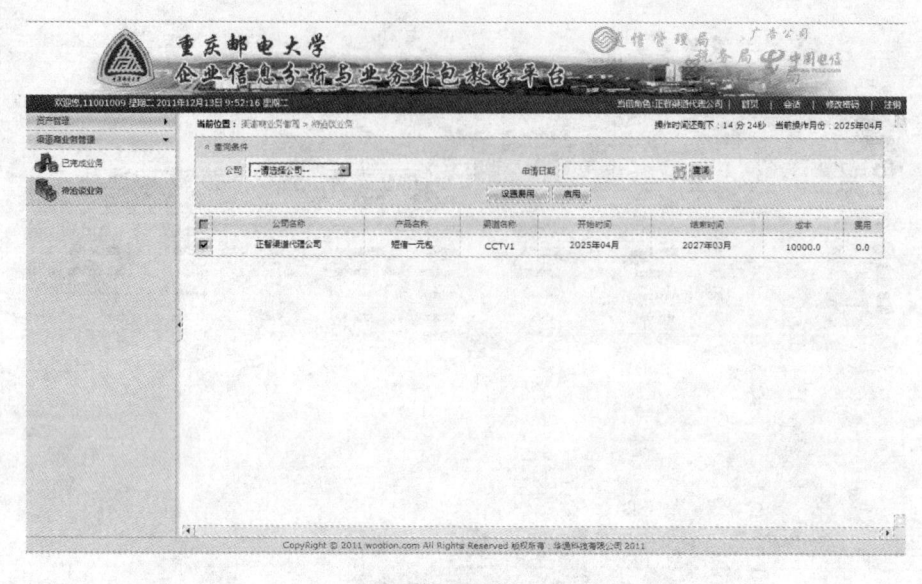

图 3-45　待洽谈业务

勾选要代理的产品，点击设置费用，提交，如图 3-46 所示。

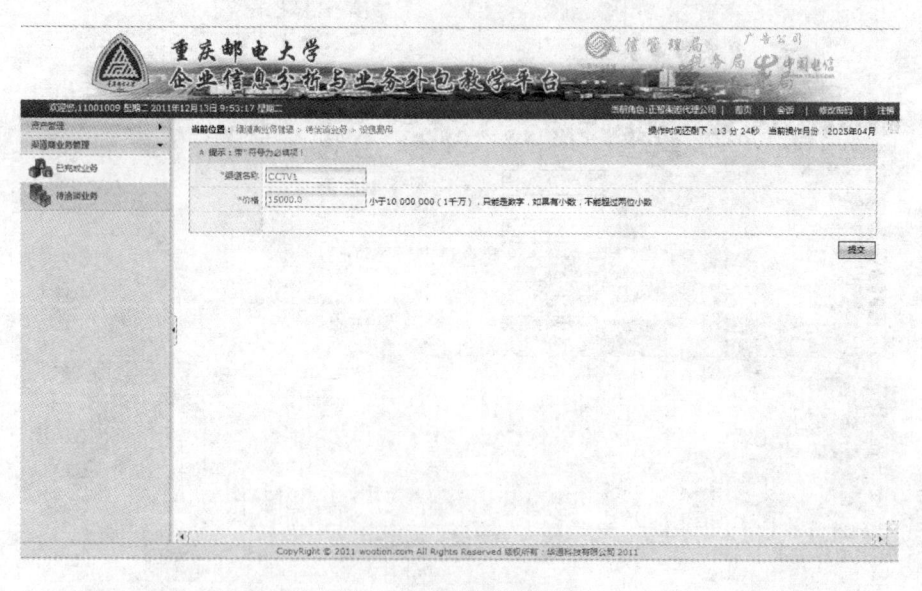

图 3-46　设置代理费用

（9）银行处转账。

中国电信转账给正智渠道代理公司，用途选择渠道代理，点击提交，如图 3-47 所示。

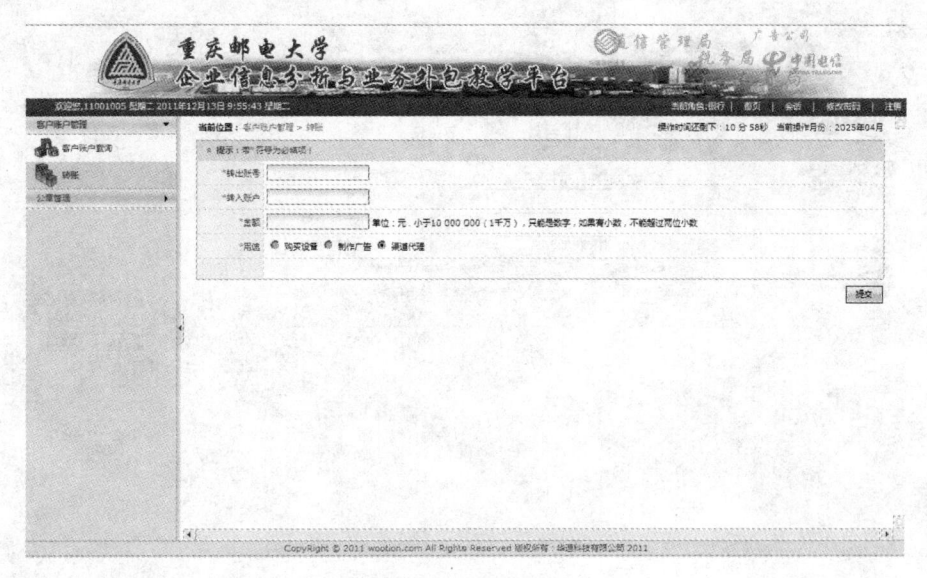

图 3-47　银行转账

（10）渠道代理公司启用代理的广告。

转账成功后，正智渠道代理公司勾选要代理的产品，点击启用，代理成功。

3.4.4.4　注意事项

首先要进行广告制作，才能进行渠道推广。

3.4.5　营业厅创建

3.4.5.1　实验任务

市场推广部创建营业厅。

3.4.5.2　实验说明

创建营业厅有两个作用：一是为终端用户提供业务办理的渠道；二是作为产品推广的重要渠道。所以，为了提高产品的市场占有率，市场推广部必须创建营业厅。参照产品推广流程图（图 3-2），创建营业厅的步骤如下：

第一步，市场推广部创建营业厅计划并报审计部审批；

第二步，审批通过后，市场推广部创建营业厅。

3.4.5.3　操作步骤

（1）市场推广部创建营业厅计划。

学生以市场推广部角色登录教学平台，点击营销推广 > 营业厅计划；创建营业厅计划，上传营业厅计划报告.doc，点击提交，如图 3-48 所示。

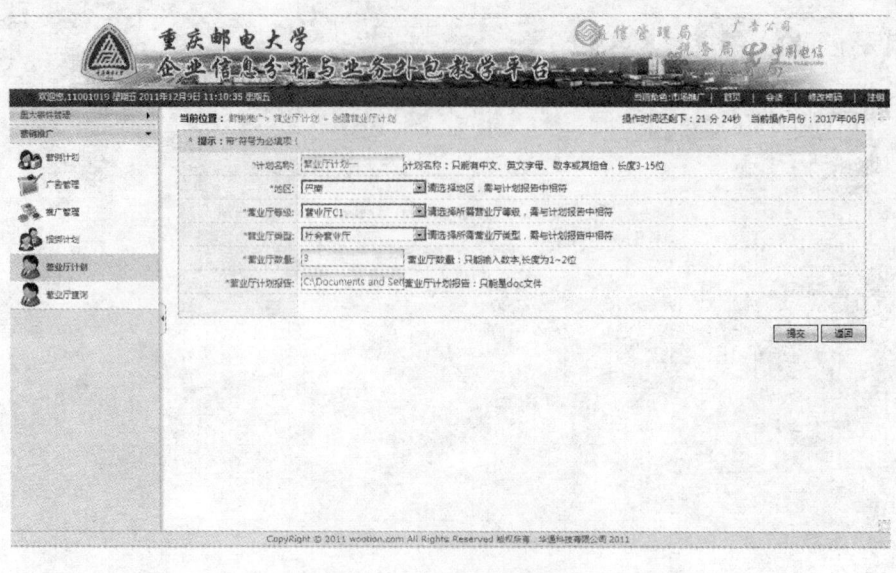

图 3-48　创建营业厅计划

（2）审计部审批：对需要创建的营业厅进行审批。

点击审批计划 > 营业厅计划审批，通过，如图 3-49 所示。

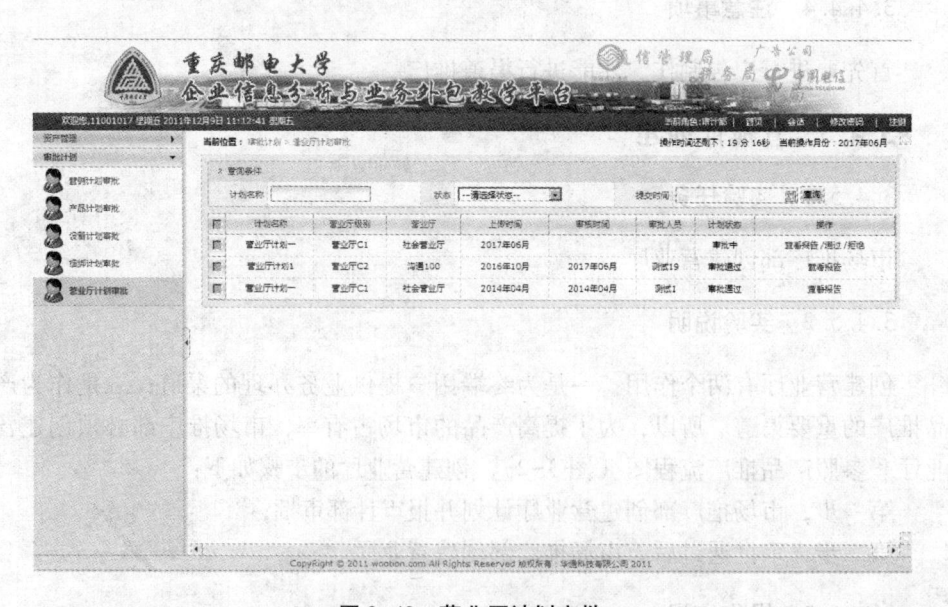

图 3-49　营业厅计划审批

（3）市场推广部营业厅。

勾选刚刚通过的营业厅计划，点击创建营业厅，如图 3-50 所示。

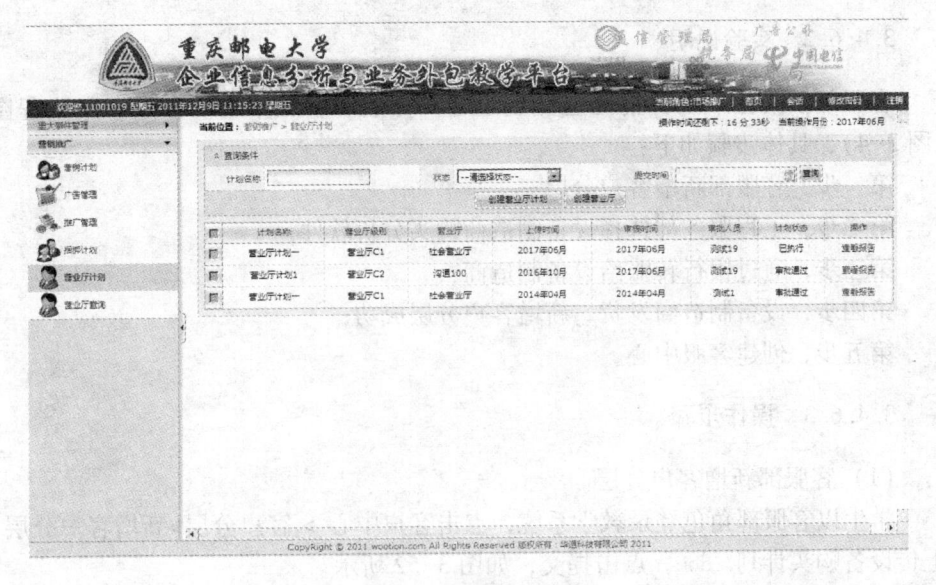

图 3-50 创建营业厅

点击营销推广 > 营业厅查询，可以查看创建的营业厅信息，如图 3-51 所示。

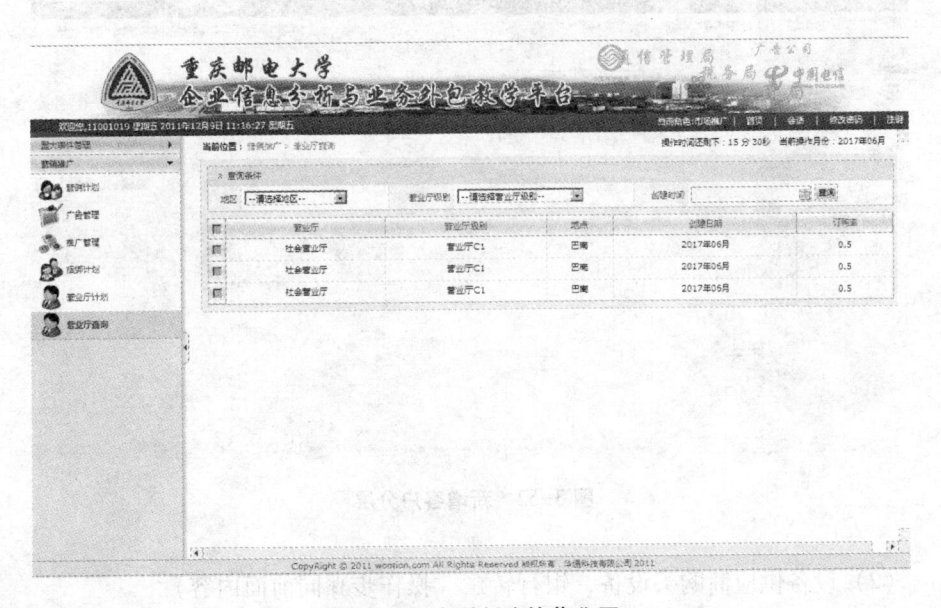

图 3-51 查看创建的营业厅

3.4.6 客户分层和客服中心创建

3.4.6.1 实验任务

（1）客服部创建客户分层。

（2）客服部创建客服中心。

3.4.6.2 实验说明

客服部根据客户投诉情况选择创建客户分层和客服中心。参照客服流程图（图3-4），具体步骤如下：

第一步，客服部新增客户分层；
第二步，工程服务部选择设备制造商购买分析软件；
第三步，通过银行转账给设备制造商；
第四步，设备制造商发货，新增客户分层成功；
第五步，创建客服中心。

3.4.6.3 操作步骤

（1）客服部新增客户分层。

学生以客服部角色登录教学系统，点击客户中心＞客户分层＞新增客户分层，上传设备购买计划.doc，点击提交，如图3-52所示。

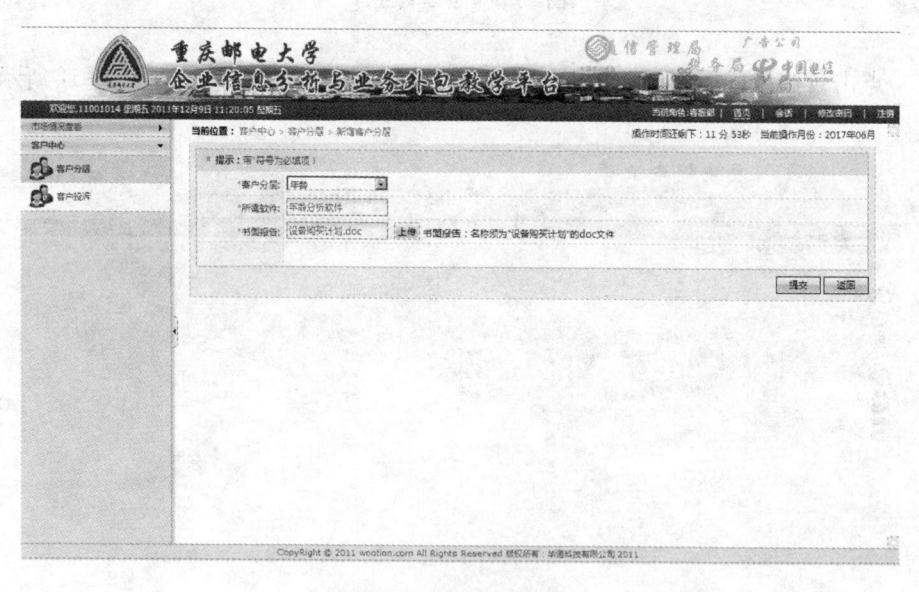

图3-52 新增客户分层

（2）设备供应商购买设备，银行转账（操作步骤同前面内容）。
（3）客服部创建客服中心。

新增客户分层成功后，创建客服中心。点击客户中心＞客户投诉＞客服中心＞新增客服中心，输入创建的信息，点击提交，如图3-53所示。

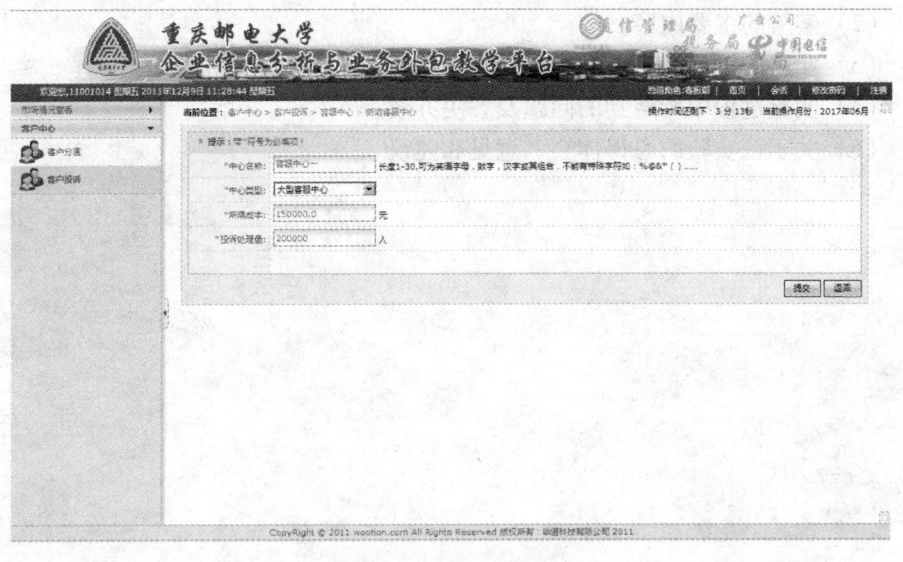

图 3-53　新增客服中心

3.4.6.4　注意事项

首先要新增客户分层，才能创建客服中心。

3.5　问题思考

（1）产品的营销手段，广告制作流程和渠道推广流程是怎样的？
（2）运营商产品的概念以及如何设计产品。
（3）如何对运营商的产品进行营销推广，有哪些手段？

3.6　实验报告要求

（1）每人提交一份实验报告，统一用学校提供的 A4 幅面的实验报告册书写或用 A4 的纸打印，如果打印必须有以下格式的表头（见表 3-3）。

表 3-3　　　　　　　　　　实验报告标准表头

实验课程							
实验名称							
实验时间		学年	学期	周 星期		第　节	
学生姓名		学号			班级		
同组学生							
实验地点		设备号			指导教师		

（2）实验的主要内容。
（3）实验的过程和主要的步骤。
（4）实验过程中所遇到的问题及解决办法。
（5）关于该实验的心得体会、意见和建议。

4 实验三 增值业务提供商创业流程

4.1 实验目的

(1) 通过实验学习了解增值业务提供商创业流程。
(2) 了解市场调查报告的主要内容。
(3) 了解财务分析的主要过程。
(4) 了解创业计划书的写作要求。
(5) 学习创业过程中接触到的主要部门职责。
(6) 了解电信增值业务。

4.2 知识准备

4.2.1 增值电信业务

增值电信业务是指利用公共网络基础设施提供附加的电信与信息服务业务，有时也称之为增强型业务。其实现的价值使原有基础网路的经济效益或功能价值增高。在业务分类上，它对应基础电信业务。增值电信业务的主要特征是面向社会提供信息服务。随着电信技术和电信业务的飞速发展，增值电信业务的范围已越来越广。

我国对增值电信业务的分类如下：
- 固定电话网增值电信业务，包括电话信息服务、呼叫中心服务、语音信箱、可视电话会议服务；
- 移动网增值电信业务，如彩铃、彩信、手机游戏、手机报纸等；
- 卫星网增值电信业务；
- 互联网增值电信业务，包括 IDC、信息服务（IS）、虚拟专用网（VPN）、CDN、会议电视图像服务、托管式呼叫中心和其他互联网增值电信业务；
- 其他数据传送网络增值电信业务，包括计算机信息服务、电子数据交换、语音信箱、电子邮件、传真存储转发。

有一些业务界定并不那么容易。比如基础电信业务和增值电信业务中都有移动网增值业务，那么短信属于哪种类型呢？在大部分的电信监管部门的定义中，是这样区分的：利用第二代或第三代移动蜂窝网络和消息平台提供的移动台发起、移动台接收的短信业务，属于基础电信业务。因此，客户之间通过手机直接发送短信属于基础电信业务。

采用移动"飞信"，可以通过互联网发送短信，这就改变了发送的主体；用短信给"超级女声"投票，发送的内容和客体发生变化；将互联网门户网站上罗列的短信写手撰写的短信发送给朋友，发送的形式发生了变化。这些都属于增值电信业务范畴。

看上去相同的结果——对方都收到了短信，却在分类上有如此大的差异！实际上，之所以要有关于基础业务和增值业务的定义，是为了区别每类电信服务商的经营范围，这有利于对电信领域的监管，规避因电信业务引起的各种社会和经济问题，而与技术实现方式的关系并不是很大。

4.2.2 增值业务提供商

在我国，基础电信运营商（中国电信、中国移动和中国联通）和获得工业和信息化部授权的增值业务提供商都可以提供增值业务服务。近年来，增值电信业务不断发展，增值业务提供商正在走向规范化，并推出了大量吸引客户的业务。比如以短信、彩铃和彩信为基础的诸多增值业务，它们动感十足，活力四射，发展迅速，创新不断，加上多种网络形态的不断融合，更焕发出强大的生命力。

增值业务提供商主要包括 SP（服务提供商）、CP（内容提供商）等增值服务机构，SP 是英文 Service Provider 的缩写，中文翻译为服务提供商，通常是指在移动网内运营增值业务的社会合作单位。它们与移动网络建立相连的服务平台，为手机用户提供一系列信息服务，如娱乐、游戏、短信、彩信、WAP、彩铃、铃声下载、定位，等等。CP 是英文 Content Provider 的缩写，中文翻译为内容提供商。通常是指为电信运营商（包括固定网、移动网、因特网或其他数据网运营商）提供内容服务的社会合作单位。

业内逐渐形成一个约定俗成的判断规则，那就是依据四权归属来区分究竟是 SP 还是 CP。这四权是：内容加载权、定价权、计费权、广告推广权。如果四权主控在社会合作单位手里，就是 SP。如果四权主控在运营商手里，那社会合作单位显然就是 CP。

（1）内容加载权。SP 在一般情况下，只要在运营商规定的政策框架内，有权决定做什么业务并可自行将业务内容加载到服务平台上。而 CP 并不拥有服务平台，做什么业务或不做什么业务，由运营商决定，更多时候是运营商要求社会合作单位提供什么样的内容，更接近于一种委托制作或代工制。在 CP 合作机制下，CP 负责将内容提供给运营商，再由运营商加载到服务平台。

（2）定价权。SP 是在一个规定的资费范围内（比如 2~10 元），自行制定资费标准。而在 CP 合作机制下，资费的制定权属于运营商。

（3）计费权。SP 完全拥有计费权，虽然移动公司不断加大对计费的监控力度，但依旧未改变 SP 自己计费的特点。而 CP 由于自己不拥有平台，因此从来就接触不到计费环节，甚至都不知道计费是怎么回事。

（4）广告推广权。SP 在广告推广方面拥有很大的自由度，因此早年短信群发泛滥。而 CP 在业务推广方面极大受制于运营商，甚至完全不具备广告推广权力。

4.2.3 增值业务提供商创业流程

不管是 SP 还是 CP，在正式运营之前都需要经过一个创业流程，成功注册并取得营业执照和增值电信业务经营许可证。创业流程是增值业务提供商运营的前提。创业流程需要经过前期调研、选择办公场地、公司核名、办理银行询证函、注册资本验资、办理营业执照、办理公司公章、企业代码分配、税务登记等多个环节。具体的创业流程如图 4-1 所示。

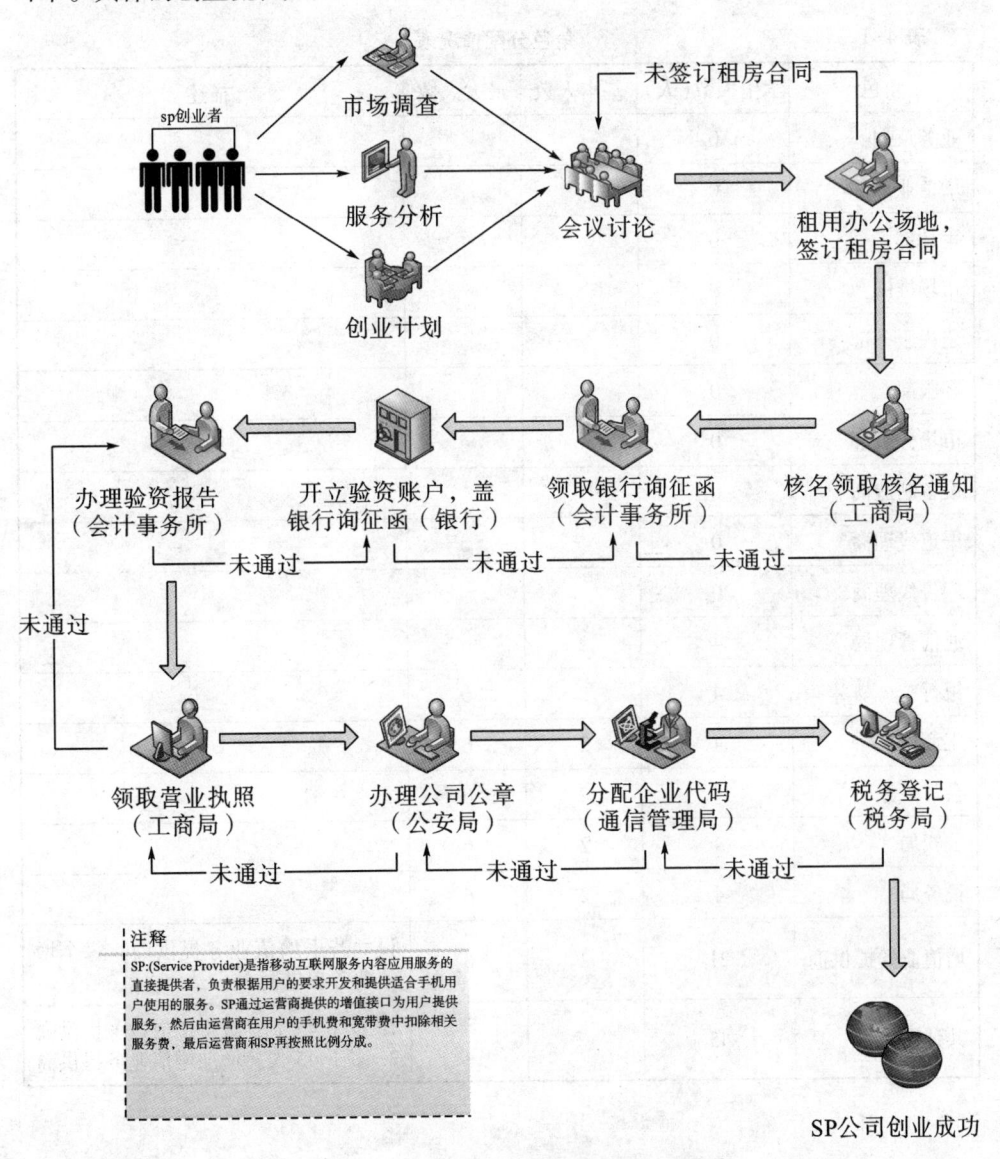

图 4-1 增值业务提供商创业流程图

4.3 实验准备

4.3.1 实验教师

4.3.1.1 创建学生账号和分配角色

（1）确保每人一台电脑，并且每台机器都能连上 Internet 及校园网；
（2）保证实验教学平台正常访问；
（3）教师导入学生，并根据表 4-1 进行角色分配，分配实例见表 4-2。

表 4-1　　　　　　　　　　　　角色分配情况表

角色	学生人数(人)	基本人数	最大人数	描述
业务策划	0			
增值业务部	0			
审计部	0			
市场推广	0			
工程服务部	0			
客服部	0			
市场分析部	0			
设备制造商	0			
渠道代理商	0			
广告代理商	0			
通信管理局	4	2	6	
银行	4	2	6	
工商局	4	2	6	
会计事务所	4	2	6	
公安局	4	2	6	
税务局	4	2	6	
增值业务提供商	21	2	6	设立若干增值业务提供商，每个增值业务提供商 1~2 人
共计：	45			1. 少于 45 人，减少增值业务提供商 2. 多于 45 人，增加增值业务提供商

表 4-2　　　　　　　　　学生角色分配实例

学号	姓名	性别	电话	默认角色	备注
11001001	测试1	男	19398784561	通信管理局	
11001002	测试2	女	19398784561	通信管理局	
11001003	测试3	女	19398784561	通信管理局	
11001004	测试4	女	19398784561	通信管理局	
11001005	测试5	男	19398784561	银行	
11001006	测试6	男	19398784561	银行	
11001007	测试7	女	19398784561	银行	
11001008	测试8	女	19398784561	银行	
11001009	测试9	女	19398784561	华为	
11001010	测试10	男	19398784561	华为	
11001011	测试11	男	19398784561	中兴通讯	
11001012	测试12	女	19398784561	中兴通讯	
11001013	测试13	女	19398784561	工商局	
11001014	测试14	女	19398784561	工商局	
11001015	测试15	女	19398784561	工商局	
11001016	测试16	女	19398784561	会计事务所	
11001017	测试17	女	19398784561	会计事务所	
11001018	测试18	女	19398784561	会计事务所	
11001019	测试19	女	19398784561	公安局	
11001020	测试20	女	19398784561	公安局	
11001021	测试21	女	19398784561	公安局	
11001022	测试22	男	19398784561	税务局	
11001023	测试23	男	19398784561	税务局	
11001024	测试24	男	19398784561	税务局	
11001025	测试25	男	19398784561	增值业务提供商1	
11001026	测试26	女	19398784561	增值业务提供商2	
11001027	测试27	女	19398784561	增值业务提供商3	
11001028	测试28	女	19398784561	增值业务提供商4	
11001029	测试29	女	19398784561	增值业务提供商5	
11001030	测试30	男	19398784561	增值业务提供商6	
11001031	测试31	男	19398784561	增值业务提供商7	

表4-2(续)

学号	姓名	性别	电话	默认角色	备注
11001032	测试32	女	19398784561	增值业务提供商8	
11001033	测试33	女	19398784561	增值业务提供商9	
11001034	测试34	女	19398784561	增值业务提供商10	
11001035	测试35	女	19398784561	增值业务提供商11	
11001036	测试36	女	19398784561	增值业务提供商12	
11001037	测试37	男	19398784561	增值业务提供商13	
11001038	测试38	男	19398784561	增值业务提供商14	
11001039	测试39	男	19398784561	增值业务提供商15	
11001040	测试40	男	19398784561	增值业务提供商16	
11001041	测试41	女	19398784561	增值业务提供商17	
11001042	测试42	女	19398784561	增值业务提供商18	
11001043	测试43	女	19398784561	增值业务提供商19	
11001044	测试44	男	19398784561	增值业务提供商20	
11001045	测试45	男	19398784562	增值业务提供商21	

4.3.1.2 设置实验时间

以教师角色登录，设置开始实验的时间：点击实验管理>实验时间管理，进入实验时间管理页面；进入新增实验时间管理页面，选择实验开始时间，填入实验开始时间（最大设置时间40分钟，建议设置时间20分钟），如图4-2所示。

注意：每次实验结束后，教师需结束实验时间。从第二次课开始，若为不同班级上课，管理员需切换到对应的数据源上课。

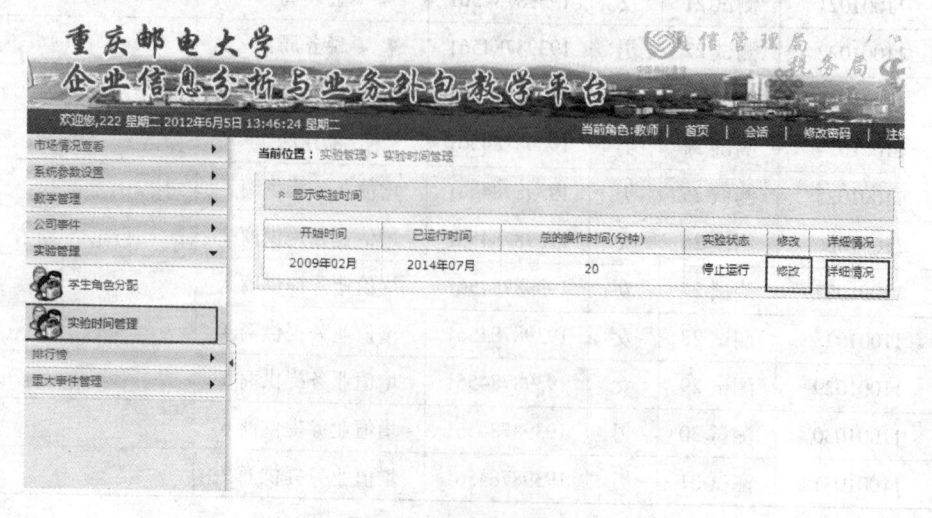

图4-2 实验时间管理

点击"修改"列中的【修改】,对实验时间进行修改,如图4-3所示。

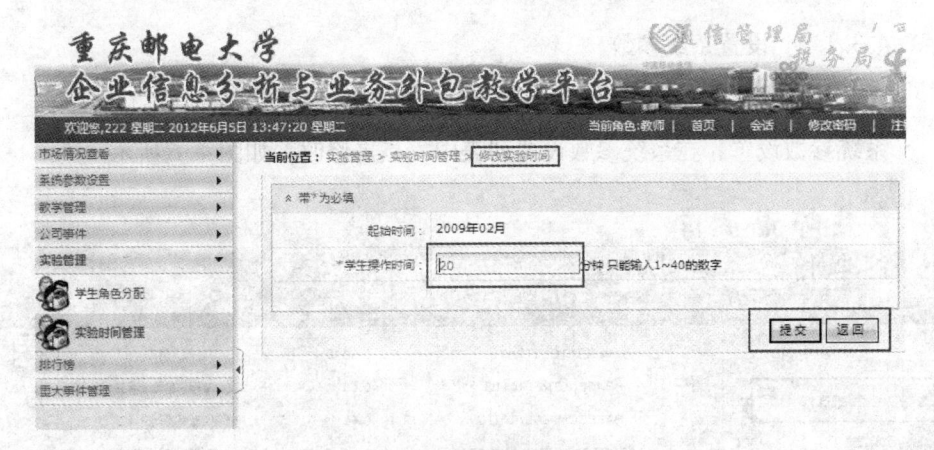

图4-3 实验时间修改

根据输入框后的描述要求录入"学生操作时间",点击【提交】按钮即可保存修改的时间,若不需要修改点击【返回】按钮即可。

点击"详细情况",对实验班级进行数据库启用或是更改实验班级的数据库启用,如图4-4所示。

图4-4 继续实验

图4-4为实验关闭状态,点击"继续实验"将开启实验,学生便可进行操作。图4-5显示的当前实验情况为:"学生操作中"。

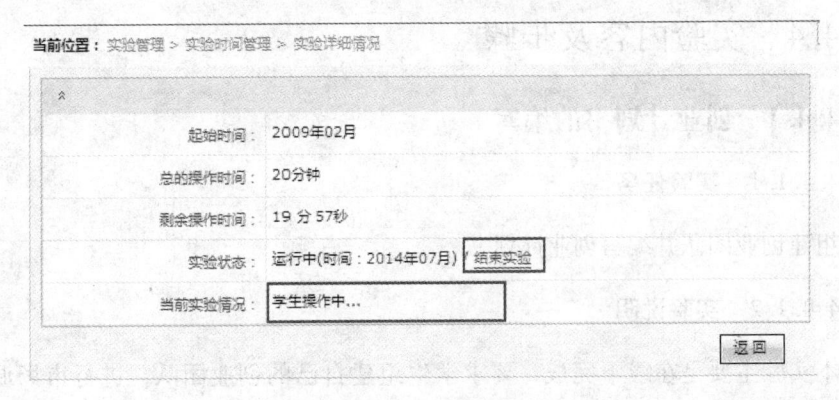

图4-5 结束实验

点击"结束实验",将不允许学生进行操作。

4.3.1.3 设置系统参数

以教师角色登录,对系统参数进行设置。

系统参数设置:在系统参数设置列表中,点击修改,如图4-6所示。

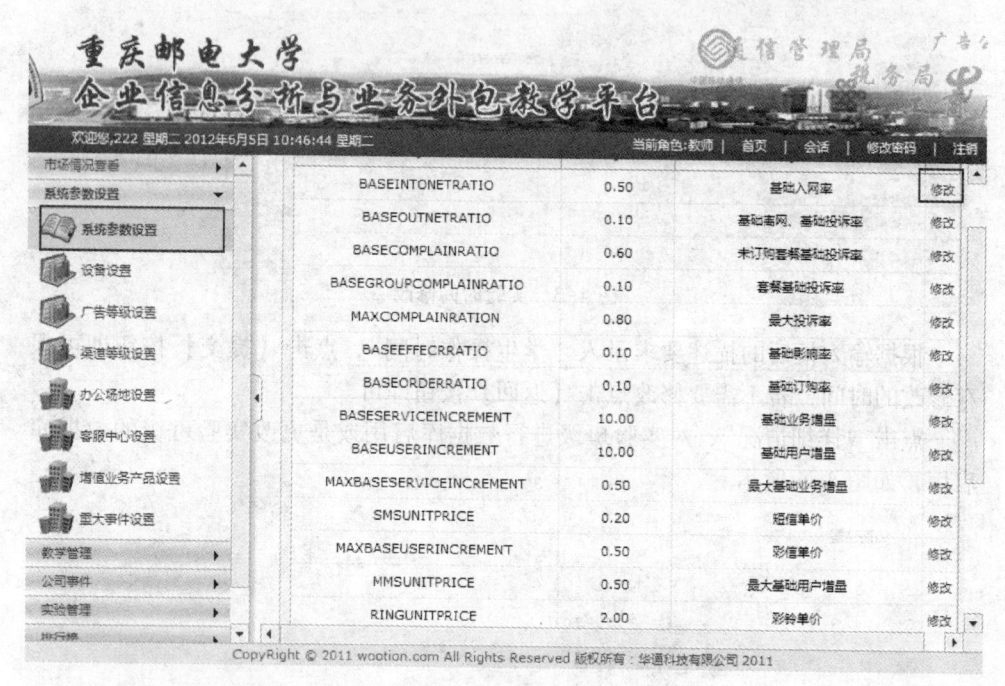

图4-6 参数配置

4.3.2 实验学生

(1) 了解本次实验课的实验目的。
(2) 熟悉本次实验课所需的模板文件。
(3) 了解市场调查、财务分析、创业计划书的写作要求。

4.4 实验内容及步骤

4.4.1 创业计划书的编写

4.4.1.1 实验任务

组建创业团队并编写创业计划书。

4.4.1.2 实验说明

本实验主要是在线下完成,要求学生组建自己的创业团队,进行市场调查,编写创业计划书。创业计划书中包含9个方面:

（1）公司摘要。

这一部分要介绍公司的主营产业、产品和服务、公司的竞争优势以及成立地点和时间、所处阶段等基本情况。

（2）公司业务描述。

这一部分介绍公司的宗旨和目标、公司的发展规划和策略。

（3）产品或服务。

介绍公司的产品或服务，描述产品和服务的用途和优点、有关的专利、著作权、政府批文等。

（4）收入。

介绍公司的收入来源，预测收入的增长。

（5）竞争情况及市场营销。

分析现有和将来的竞争对手、他们的优势和劣势，以及相应的本公司的优势和战胜竞争对手的方法。

（6）管理团队。

对公司的重要人物进行介绍，包括他们的职务、工作经验、受教育程度等；公司的全职员工、兼职员工人数；哪些职务空缺。

（7）财务预测。

公司财务报表、5年的财务报表预测、投资的退出方式（公开上市、股票回购、出售、兼并或合并）。

（8）资本结构。

公司资金筹集和使用情况、公司融资方式、融资前后的资本结构表。

（9）附录。

支持上述信息的资料：管理层简历、销售手册、产品图纸等。

4.4.1.3 操作步骤

（1）组建创业团队。

首先学生自主报名参加增值业务提供商的创业活动，并担任增值业务提供商的发起人，然后由发起人招募队员，组成创业团队。

（2）编写创业计划书。

由发起人组织创业团队按照要求编写创业计划书。

（3）宣讲创业计划书。

由教师组织，每个创业团队向全班同学及老师宣讲自己的创业计划书。

4.4.1.4 注意事项

要求每个学生都参与到创业团队中，并进行分工合作完成创业计划书。

4.4.2 增值业务提供商的创建

4.4.2.1 实验任务

熟悉并完成增值业务提供商的创建流程。

4.4.2.2 实验说明

本实验主要通过软件模拟创建电信增值业务提供商，使学生了解创建增值业务提供商的必备条件与流程。

4.4.2.3 操作步骤

（1）申请办公场地。

①点击租用办公场地，选择要租用的办公场地，如图4-7和图4-8所示。

图4-7 开始创业流程

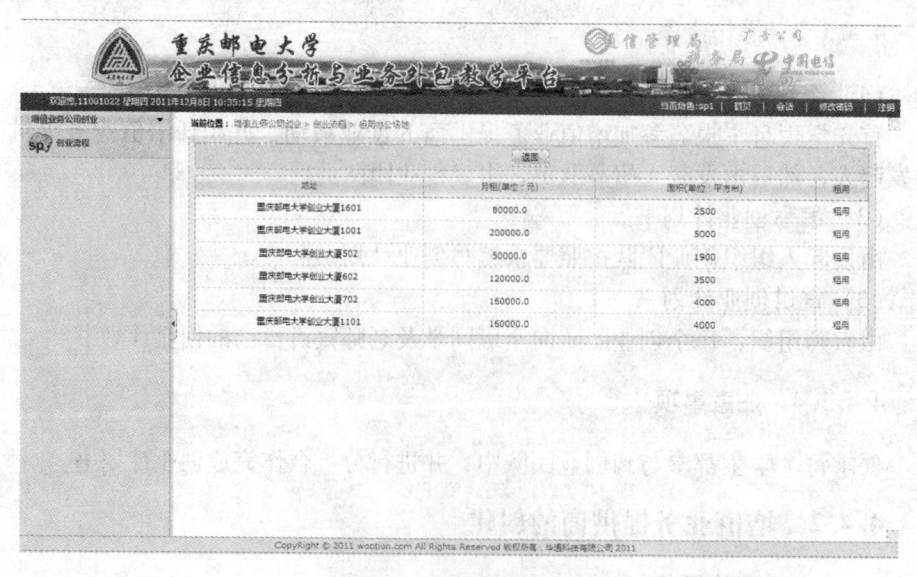

图4-8 租用办公场地

②上传租房合同,点击提交,如图4-9所示。

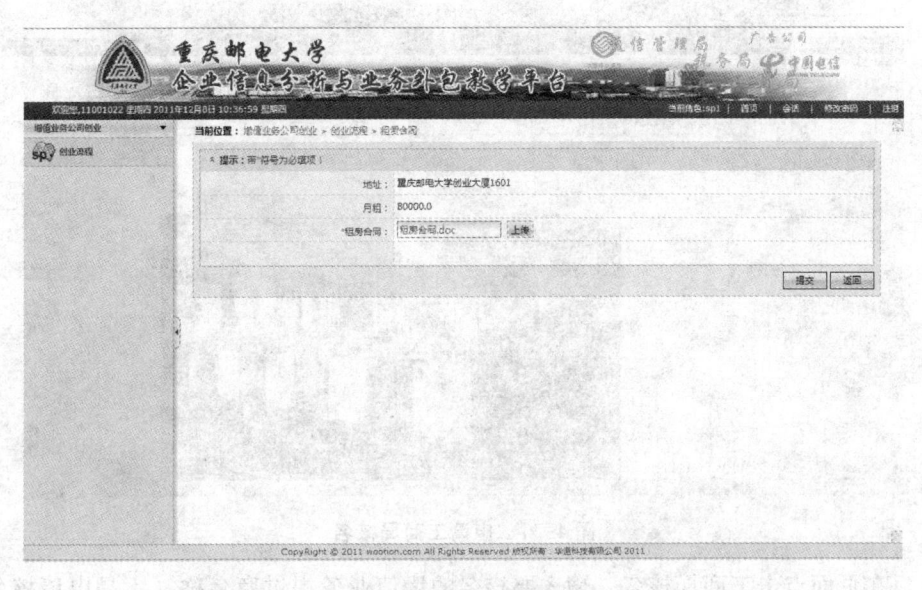

图4-9 上传租房合同

(2) 申请工商营业执照。
①申请工商局核名。
a. 上传创业计划书,如图4-10所示。

图4-10 上传创业计划书

b. 工商局角色的同学登录,处理该事件,如图4-11所示。

图 4-11　申请工商局核名

在页面点击工商局核名，输入要核名的增值业务提供商名称（不是申请核名的增值业务提供商名称）。如 sp1 是申请核名的增值业务提供商名称，则不能输入 sp1 核名，取新名为 ssp，点击查询可用；依次输入公司原分配名称 sp1，公司审核名称，上传核名通知书，点击核名，显示核名结果，如图 4-12 所示。

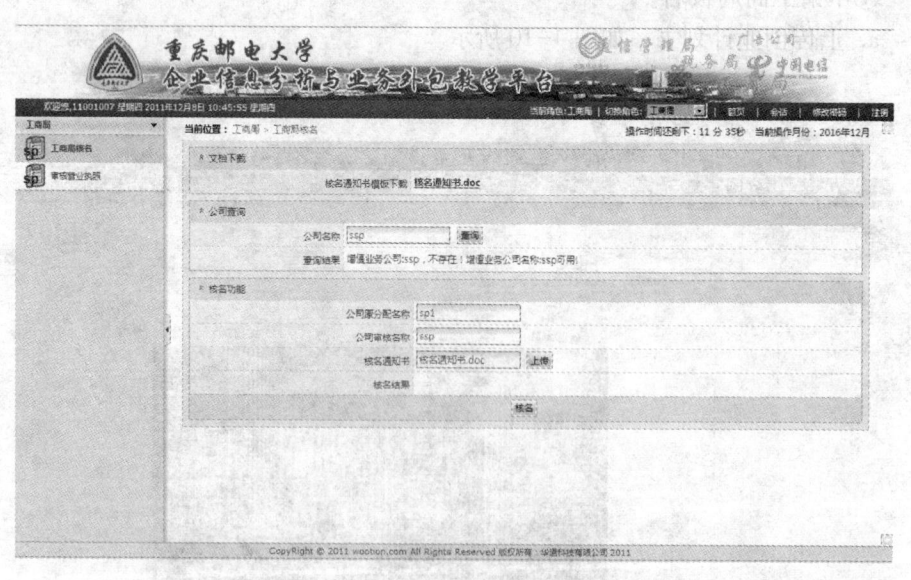

图 4-12　工商局核名

核名成功后，回到增值业务提供商，到会计事务所领取银行询证函。
②到会计师事务所领取银行询证函。
a. 上传租房合同、房产证复印件、公司章程、股东身份证明，申请领取银行询证函，如图 4-13 所示。

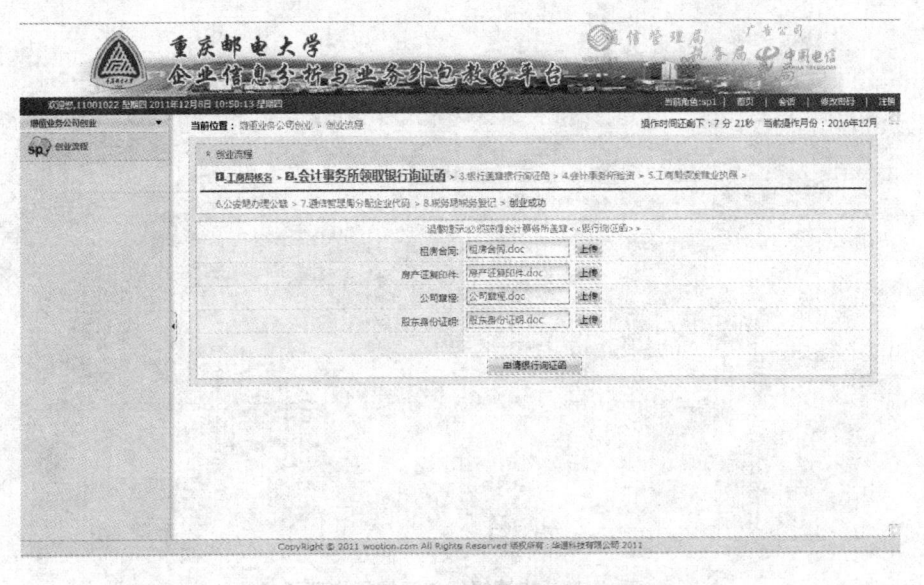

图 4-13　申请会计事务所领取银行询证函

b. 角色为会计事务所办理的同学到会计事务所登录，处理该事件。

点击审核授予银行询证函，输入申请的增值业务提供商名，如 ssp，点击查询，上传银行询证函，点击授予银行询证函，如图 4-14 所示。

图 4-14　授予银行询证函

c. 申请银行盖章银行询证函。

授予银行询证函后，回到增值业务提供商，上传公司章程、核名通知书、法人代表私章、身份证文件以及银行询证函，如图 4-15 所示。

图 4-15　申请银行盖章银行询证函

d. 盖章银行询证函。

角色为银行的同学登录，点击公章管理 > 银行询证函盖章，输入申请盖章的公司，如 ssp，点击查询，上传银行询证函、股东缴款单，点击盖章银行询证函，如图 4-16 所示。

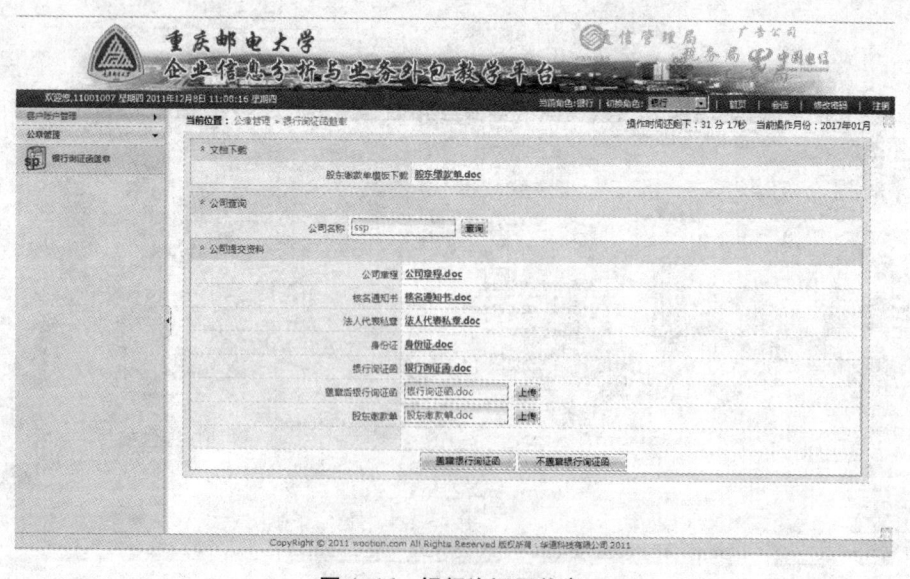

图 4-16　银行询证函盖章

③申请会计事务所验资审核。

a. 盖章银行询证函后，回到增值业务提供商，申请会计事务所验资。上传公司章程、核名通知书、租房合同、房产证复印件、股东缴款单、银行询证函，点击申请会计事务所验资审核，如图 4-17 所示。

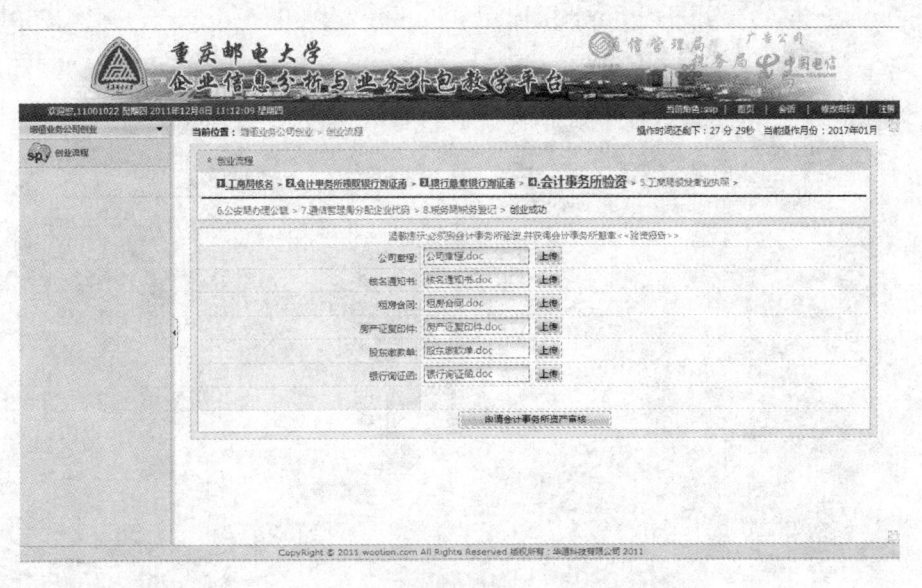

图4-17 申请会计事务所验资

b. 角色为会计事务所的同学，点击会计事务所>资产审核，输入申请的公司，如ssp，点击查询，上传验资报告，点击授予验资报告，如图4-18所示。

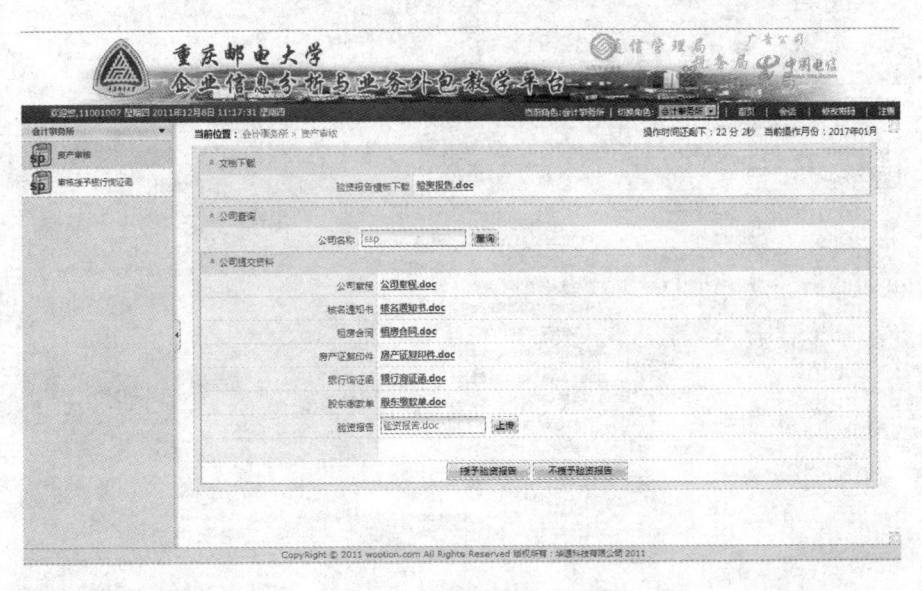

图4-18 申请会计事务所验资

④申请工商局颁发营业执照。

a. 授予验资报告后，回到增值业务提供商，申请工商局颁发营业执照。上传设立登记申请表、法人代表登记表、股东名单、公司章程、核名通知书、租房合同、房产证复印件以及验资报告，点击申请营业执照，如图4-19所示。

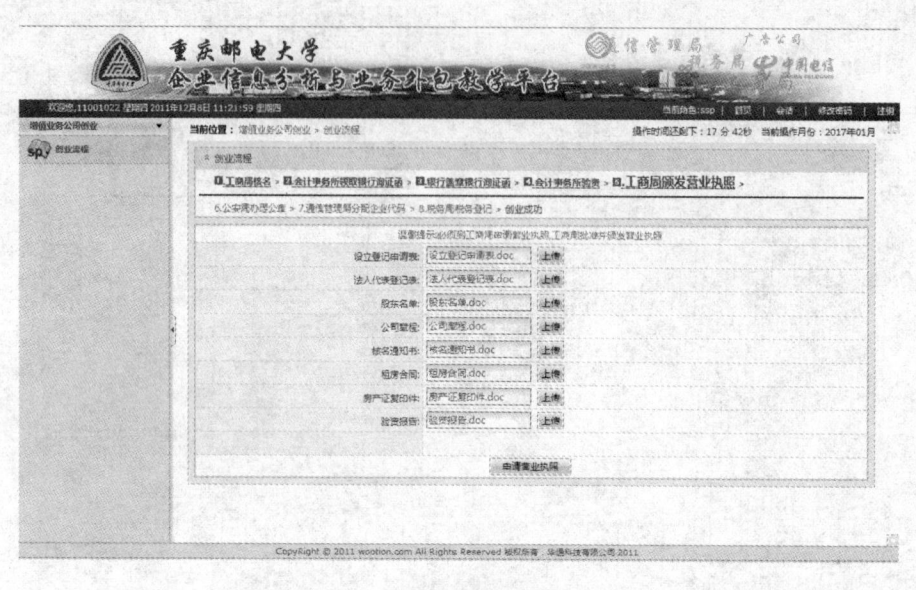

图4-19 申请工商局颁发营业执照

b. 工商局同学处理该申请，点击工商局 > 审核营业执照，输入申请的公司，如ssp，点击查询，上传营业执照，点击颁发营业执照，如图4-20所示。

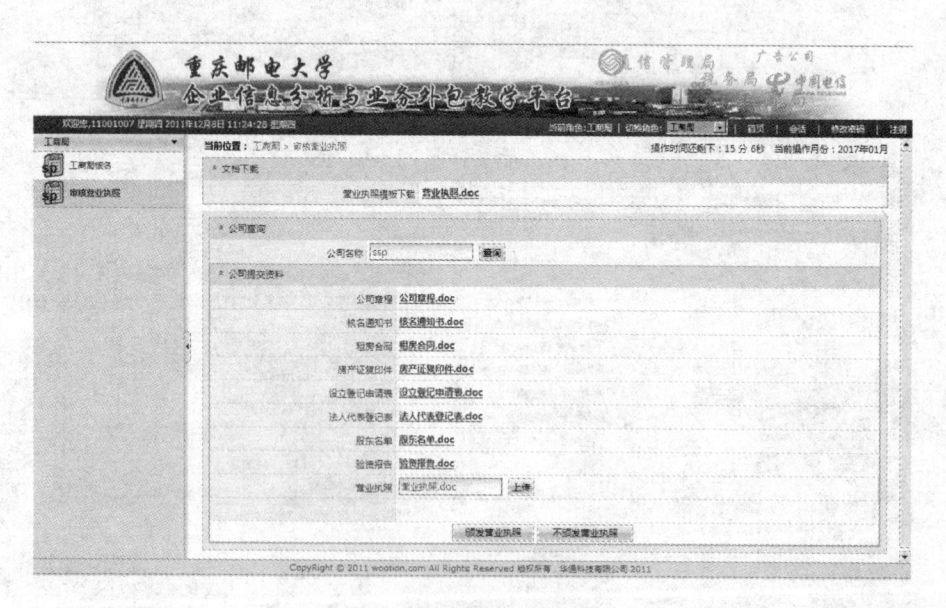

图4-20 颁发营业执照

⑤申请公安局办理公章。

a. 回到增值业务提供商，申请公安局办理公章。上传营业执照，点击申请办理公章，如图4-21所示。

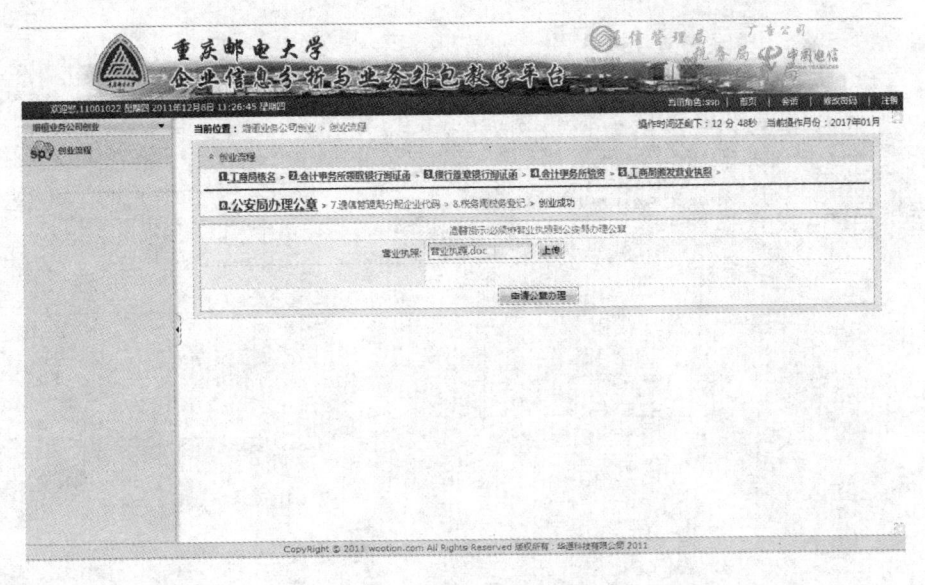

图 4-21 申请公安局办理公章

b. 公安局办理公章，输入申请的公司，如 ssp，点击查询，办理公章，如图 4-22 所示。

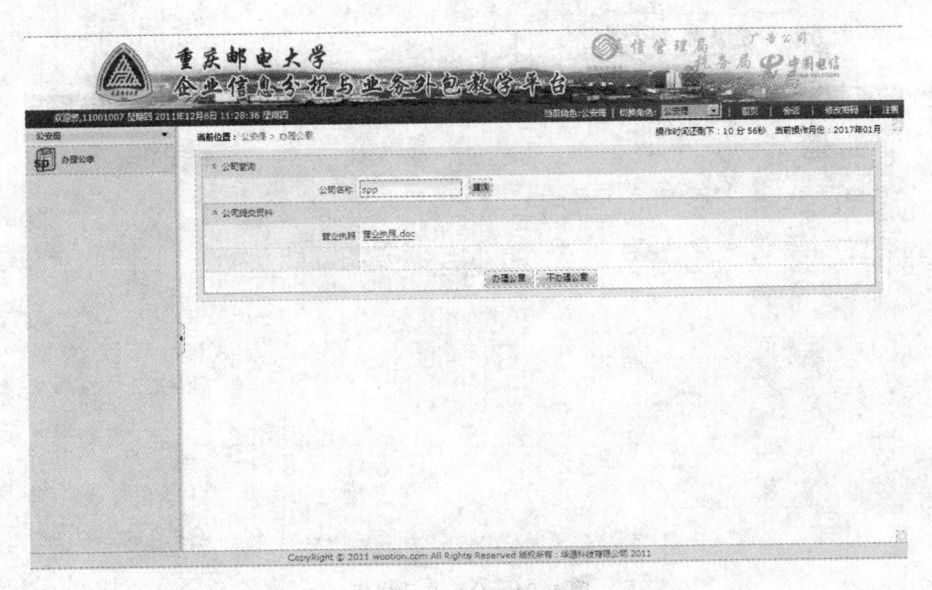

图 4-22 办理公章

⑥申请通信管理局分配企业代码。

a. 回到增值业务提供商，申请通信管理局分配企业代码。上传营业执照，点击申请企业代码，如图 4-23 所示。

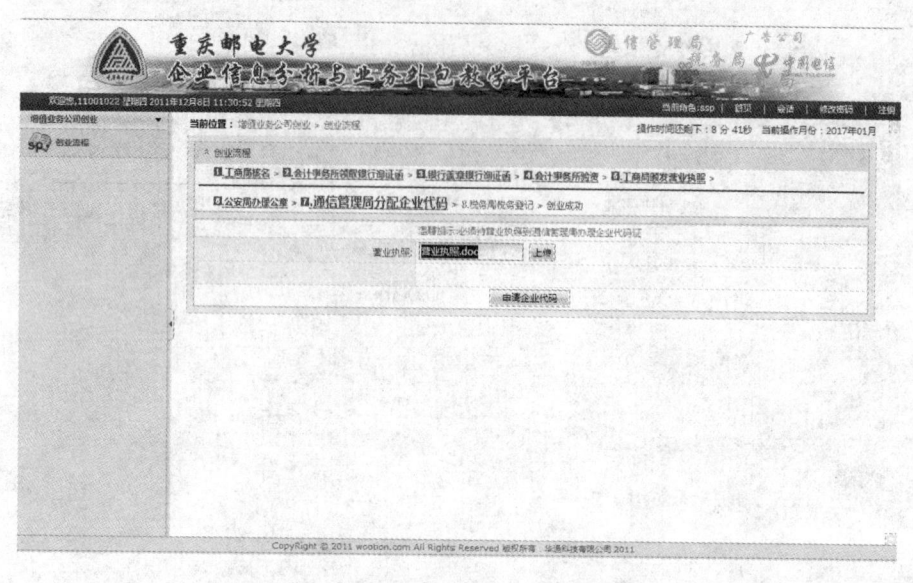

图4-23 申请通信管理局分配企业代码

b. 通信管理局处理申请企业代码，点击企业代码管理 > 分配企业代码证，输入申请的公司，如 ssp，点击查询，分配企业代码，如图4-24所示。

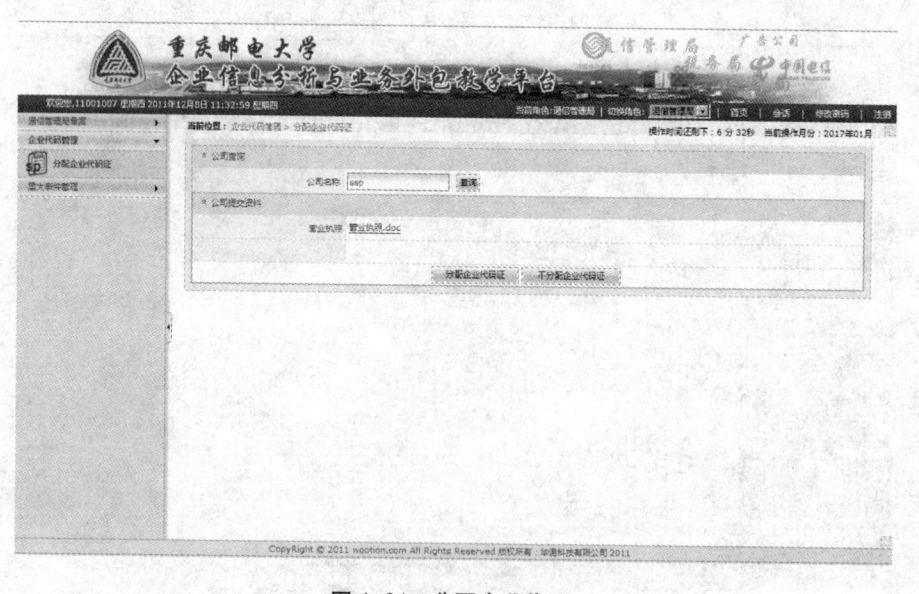

图4-24 分配企业代码

⑦申请税务局税务登记。

a. 回到增值业务提供商，申请税务局税务登记。上传营业执照，点击税务登记，如图4-25所示。

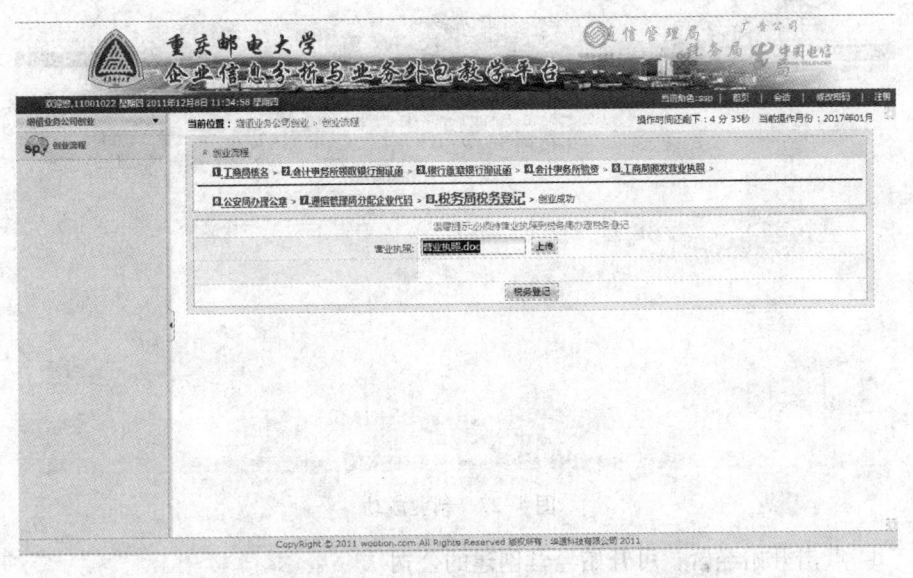

图 4-25 申请税务局税务登记

　　b. 税务局处理税务登记，点击税务局 > 税务登记，输入申请的公司，如 ssp，点击查询，办理税务登记，如图 4-26 所示。

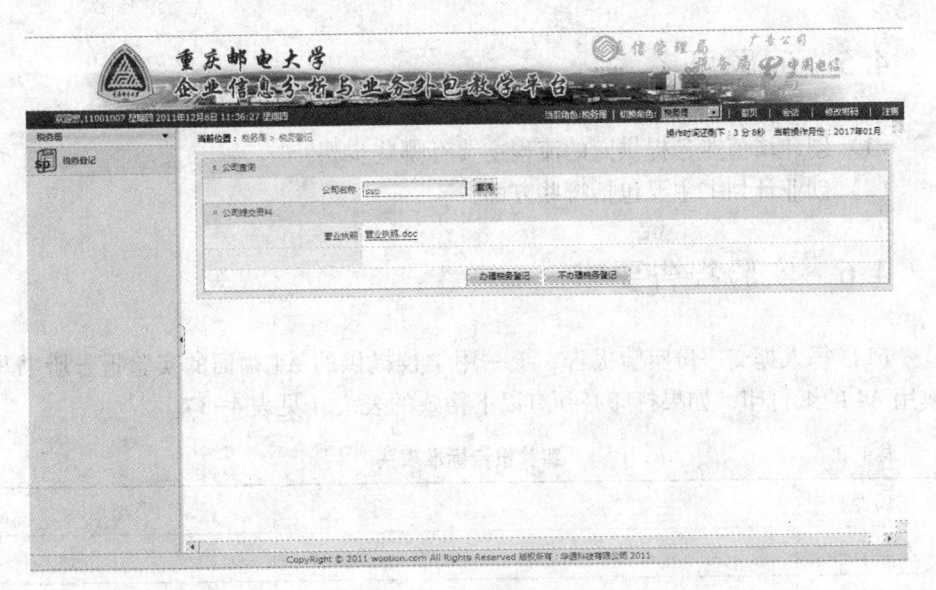

图 4-26 办理税务登记

　　c. 回到增值业务提供商，显示创业成功，如图 4-27 所示。

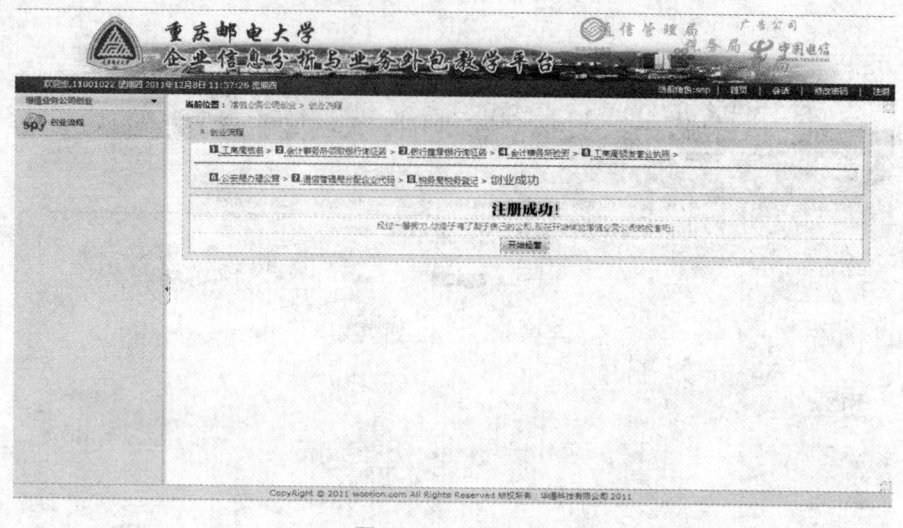

图 4-27　创业成功

d. 点击开始经营，可开始经营创建的公司。

4.4.2.4　注意事项

学生需要在规定的时间内根据角色分配表切换岗位，角色分配表中有规定的时间范围。

4.5　问题思考

（1）创建增值业务提供商的流程主要有哪些步骤？
（2）创业计划书主要包括哪些方面？

4.6　实验报告要求

（1）每人提交一份实验报告，统一用学校提供的 A4 幅面的实验报告册书写或用 A4 的纸打印，如果打印必须有以下格式的表头（见表 4-3）。

表 4-3　　　　　　　　　　实验报告标准表头

实验课程							
实验名称							
实验时间		学年	学期	周	星期	第	节
学生姓名		学号			班级		
同组学生							
实验地点		设备号			指导教师		

(2) 实验的主要内容。
(3) 实验的过程和主要的步骤。
(4) 实验过程中所遇到的问题及解决办法。
(5) 关于该实验的心得体会、意见和建议。
(6) 每个创业团队提交一份创业计划书。

5 实验四 增值业务提供商运营模式

5.1 实验目的

（1）通过学习了解增值业务产品的制定流程。
（2）通过学习了解增值业务提供商的营销推广。
（3）学习了解电信增值业务与运营商接入，并在整个电信模拟市场中进行增值业务合同的签订。

5.2 知识准备

电信运营商与电信增值业务提供商的合作运营模式，主要指基础网络运营商联合增值业务提供商，以收益分成、利益共享的形式，共同提供增值业务。基础网络运营商为增值业务提供商提供基本的网络服务，增值业务提供商通过接入基础网络运营商，按照一定的合作模式，提供增值服务，并根据情况进行业务分成。

5.2.1 合作模式

（1）基本网络运营商作为通信网络、平台提供商，向各 SP 有偿提供通信通道、平台支撑服务和业务运营管理。
（2）SP 利用基本网络运营商的通信网络、平台等资源为用户提供各类语音增值内容和应用服务。
（3）号码资源：基本网络运营商为增值业务提供商提供接入号码，具体号码及位长根据各 SP 申请合作业务类别另行制定。

5.2.2 业务分成

（1）电话信息服务类。
① 基本通信费：按基本网络运营商各本地网营业区内基本通话费收取。收入由基本网络运营商集团公司完全享有。
② 合作模式一：对于自带业务平台入网开展业务的 SP，基本网络运营商向合作 SP 支付应收信息服务费，SP 以该费用 40%的比例向基本网络运营商支付费用。
③ 合作模式二：对于利用基本网络运营商平台开展业务的 SP，基本网络运营商向合作 SP 支付应收信息服务费，SP 以该费用 60%的比例向基本网络运营商

支付费用。

（2）交流沟通类。

① 基本通信费：收入由基本网络运营商完全享有。

② 合作模式一：对于自带业务平台入网开展电话聊天业务的SP，基本网络运营商向合作SP支付应收聊天服务费，SP以聊天服务费20%的比例向基本网络运营商支付代收费服务费。

③ 合作模式二：对于利用基本网络运营商平台开展业务的SP，基本网络运营商向合作SP支付应收聊天服务费，SP以聊天服务费40%的比例向基本网络运营商支付平台使用和代收费服务费。

5.2.3 增值业务流程图

增值业务流程主要实现运营商与增值业务提供商之间的产品接入、收入分成设定、设备管理等功能。首先增值业务提供商需向运营商的增值业务部提交接入申请并洽谈分成比例，增值业务部审核通过后，设置分成，分配接入码；然后增值服务提供商需要向设备供应商采购接入设备，设备到货后要将设备放置于运营商处并启用，这样增值服务提供商的产品才能生效。具体流程如图5-1所示。

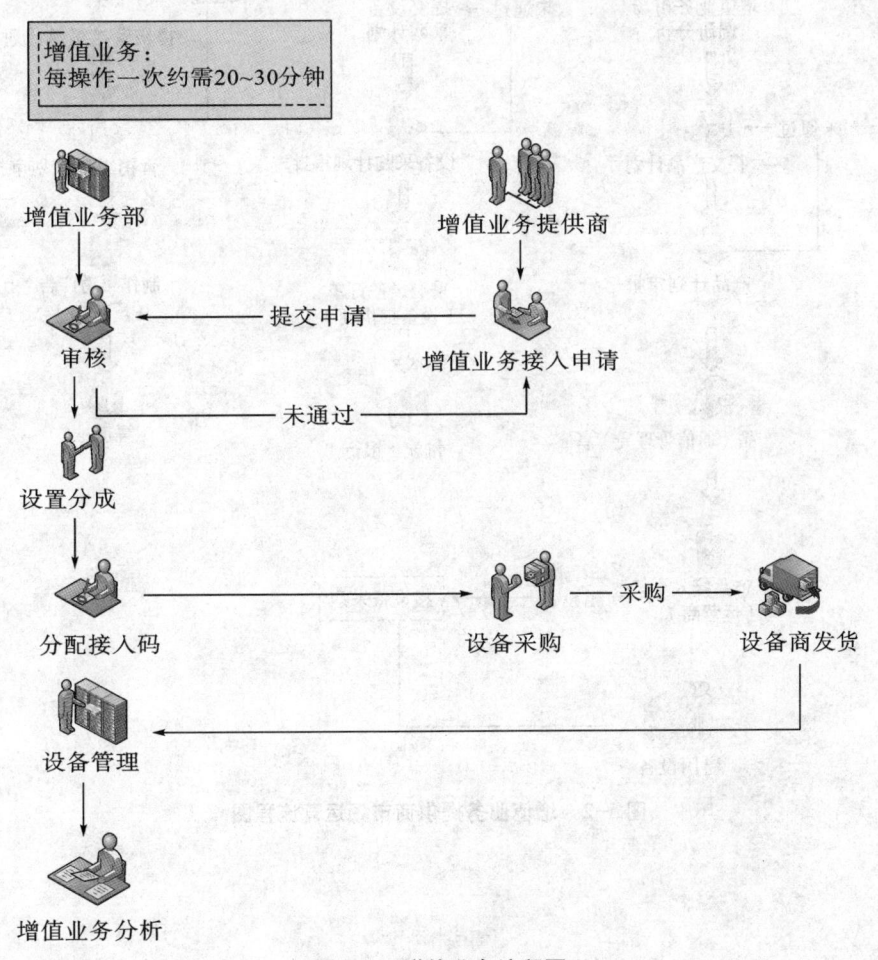

图5-1 增值业务流程图

5.2.4 增值业务提供商市场运营流程图

增值业务提供商的运营流程主要包括产品管理、设备采购、营销渠道这三个过程。产品管理流程主要实现增值服务产品的设计、备案和接入。增值产品包括：天气预报、体坛报、流行音乐、古典音乐、手机证券、健康小助手等；设备采购流程主要实现产品所需设备的采购，是产品管理中的一个环节；营销渠道流程主要实现产品的广告制作、营销推广等过程，是产品管理流程的后续环节，其作用是增加产品的订购率。具体流程如图 5-2 所示。

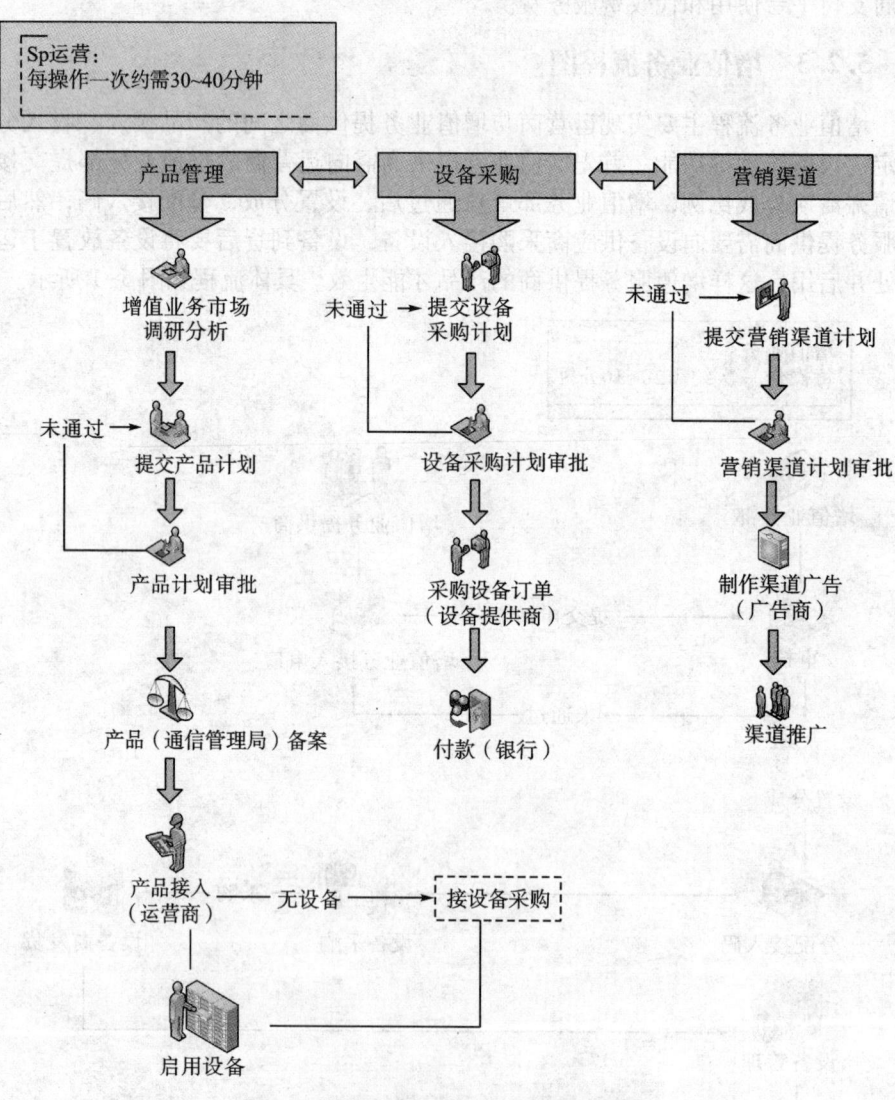

图 5-2 增值业务提供商市场运营流程图

5.3 实验准备

5.3.1 实验教师

5.3.1.1 创建学生账号和分配角色

(1) 确保每人一台电脑，并且每台机器都能连上 Internet 及校园网；
(2) 保证实验教学平台的正常访问；
(3) 教师导入学生，并根据下面的角色分配表进行角色分配（见表 5-1）。学生角色分配实例如表 5-2 所示。

表 5-1　　　　　　　　角色分配情况表

角色	学生人数	基本人数	最大人数	描述
业务策划	0			
增值业务部	6	3	12	通信运营商只保留增值业务部
审计部	0			
市场推广	0			
工程服务部	0			
客服部	0			
市场分析部	0			
设备制造商	4	2	8	
渠道代理商	3	2	8	
广告代理商	3	2	8	
通信管理局	4	1	6	
银行	4	1	6	
工商局	0	0	6	"通信管理局"同时兼"工商局"角色
会计事务所	0	0	6	"通信管理局"同时兼"会计事务所"角色
公安局	0	0	6	"银行"同时兼"公安局"角色
税务局	0	0	6	"银行"同时兼"税务局"角色
增值业务提供商	21	2	不限	设立若干增值业务提供商，每个增值业务提供商 1~2 人
共计：	45			1. 少于 45 人，减少 SPCP、设备运营商、增值业务部（依次减少，注意不能少于基本人数）
2. 多于 45 人，增加 SPCP、设备运营商、增值业务部（依次增加，注意不能多于最大人数）

表 5-2　　　　　　　　　　　学生角色分配实例

学号	姓名	性别	电话	默认角色	备注
11001001	测试 1	男	19398784561	通信管理局	（兼工商局）
11001002	测试 2	女	19398784561	通信管理局	（兼工商局）
11001003	测试 3	女	19398784561	通信管理局	（兼会计事务所）
11001004	测试 4	女	19398784561	通信管理局	（兼会计事务所）
11001005	测试 5	男	19398784561	银行	（兼公安局）
11001006	测试 6	男	19398784561	银行	（兼公安局）
11001007	测试 7	女	19398784561	银行	（兼税务所）
11001008	测试 8	女	19398784561	银行	（兼税务所）
11001009	测试 9	女	19398784561	华为	
11001010	测试 10	男	19398784561	华为	
11001011	测试 11	男	19398784561	中兴通讯	
11001012	测试 12	女	19398784561	中兴通讯	
11001013	测试 13	女	19398784561	正智渠道代理公司	
11001014	测试 14	女	19398784561	正智渠道代理公司	
11001015	测试 15	女	19398784561	优邦渠道代理公司	
11001016	测试 16	女	19398784561	重庆杰力广告公司	
11001017	测试 17	女	19398784561	重庆杰力广告公司	
11001018	测试 18	女	19398784561	重庆巨鹏广告公司	
11001019	测试 19	女	19398784561	增值业务部	中国电信
11001020	测试 20	女	19398784561	增值业务部	中国电信
11001021	测试 21	女	19398784561	增值业务部	中国移动
11001022	测试 22	男	19398784561	增值业务部	中国移动
11001023	测试 23	男	19398784561	增值业务部	中国联通
11001024	测试 24	男	19398784561	增值业务部	中国联通
11001025	测试 25	男	19398784561	增值业务提供商 1	
11001026	测试 26	女	19398784561	增值业务提供商 2	
11001027	测试 27	女	19398784561	增值业务提供商 3	
11001028	测试 28	女	19398784561	增值业务提供商 4	
11001029	测试 29	女	19398784561	增值业务提供商 5	
11001030	测试 30	男	19398784561	增值业务提供商 6	
11001031	测试 31	男	19398784561	增值业务提供商 7	

表5-2(续)

学号	姓名	性别	电话	默认角色	备注
11001032	测试32	女	19398784561	增值业务提供商8	
11001033	测试33	女	19398784561	增值业务提供商9	
11001034	测试34	女	19398784561	增值业务提供商10	
11001035	测试35	女	19398784561	增值业务提供商11	
11001036	测试36	女	19398784561	增值业务提供商12	
11001037	测试37	男	19398784561	增值业务提供商13	
11001038	测试38	男	19398784561	增值业务提供商14	
11001039	测试39	男	19398784561	增值业务提供商15	
11001040	测试40	男	19398784561	增值业务提供商16	
11001041	测试41	女	19398784561	增值业务提供商17	
11001042	测试42	女	19398784561	增值业务提供商18	
11001043	测试43	女	19398784561	增值业务提供商19	
11001044	测试44	男	19398784561	增值业务提供商20	
11001045	测试45	男	19398784562	增值业务提供商21	

5.3.1.2 设置实验时间

以教师角色登录，设置开始实验的时间：点击实验管理>实验时间管理，进入实验时间管理页面；进入新增实验时间管理页面，选择实验开始时间，填入实验开始时间（最大设置时间40分钟，建议设置时间20分钟）。

注意：每次实验结束后，教师需结束实验时间。从第二次课开始，若为不同班级上课，管理员需切换到对应的数据源上课，如图5-3所示。

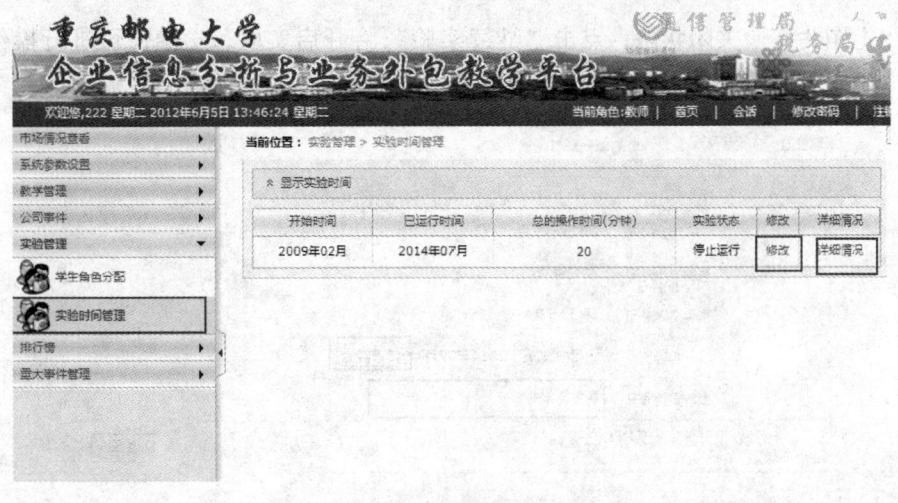

图5-3 实验时间管理

点击"修改"列中的【修改】，对实验时间进行修改，如图5-4所示。

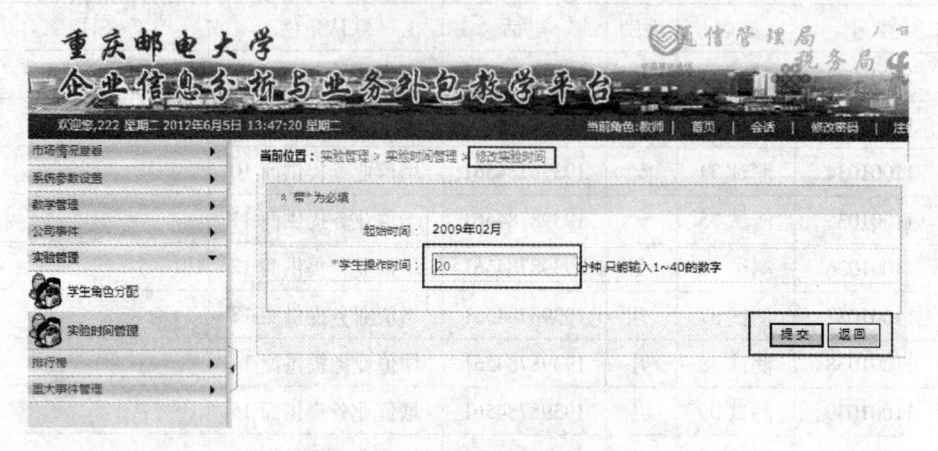

图5-4 实验时间修改

根据输入框后的描述要求录入"学生操作时间"，点击【提交】按钮即可保存修改的时间，若不需要修改，点击【返回】按钮即可。

点击"详细情况"，对实验班级进行数据库启用或是更改实验班级的数据库启用，如图5-5所示。

图5-5 继续实验

上图为实验关闭状态，点击"继续实验"将开启实验，学生便可进行操作，图5-6显示的当前实验情况为："学生操作中"。

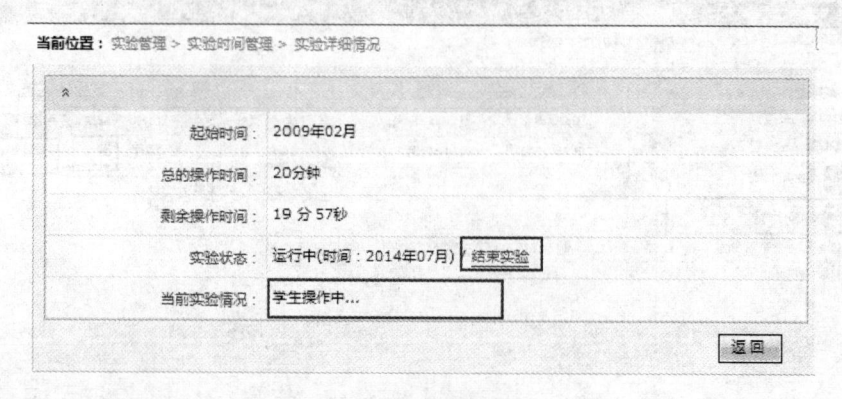

图5-6 结束实验

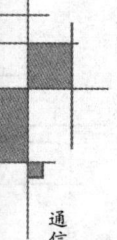

点击"结束实验",将不允许学生进行操作。

5.3.1.3 设置系统参数

以教师角色登录,对系统参数进行设置。

系统参数设置:在系统参数设置列表中,点击修改,如图5-7所示。

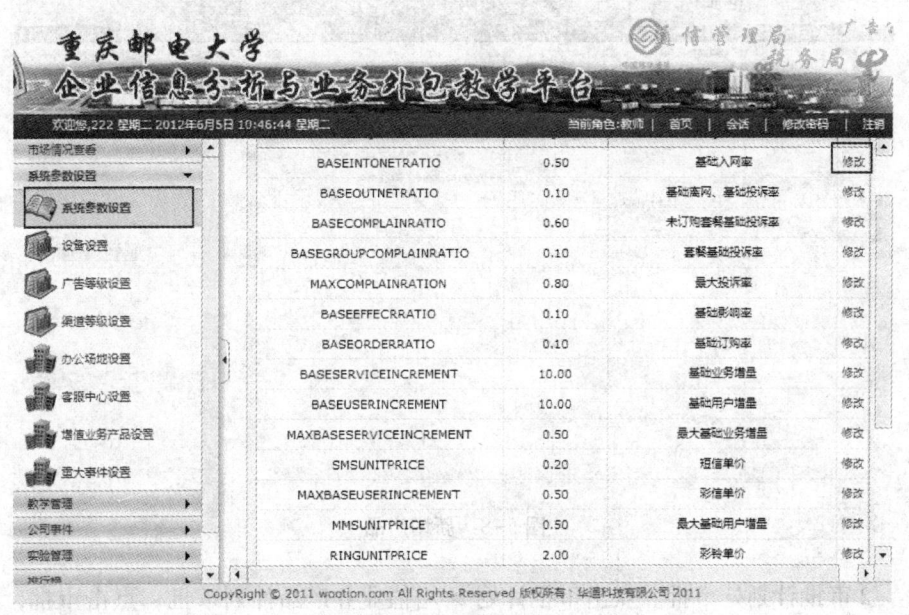

图5-7 参数配置

5.3.2 实验学生

(1)了解本次实验课的实验目的。
(2)了解增值业务产品管理、设备采购和营销渠道等流程过程。

5.4 实验内容及步骤

5.4.1 增值业务产品的制定

5.4.1.1 实验任务

学习并完成增值业务提供商增值业务产品的制定流程。

5.4.1.2 实验说明

本实验主要通过软件模拟电信增值业务提供商制定增值业务产品的必备条件与流程。

5.4.1.3 操作步骤

本节任务为增值业务提供商新建增值业务产品及购买所需设备。

(1) 新建增值业务产品。

①增值业务提供商的学生登录增值业务提供商（如创建的 ssp），点击业务支撑 > 产品中心 > 新增产品，上传产品计划报告，点击提交，如图 5-8 所示。

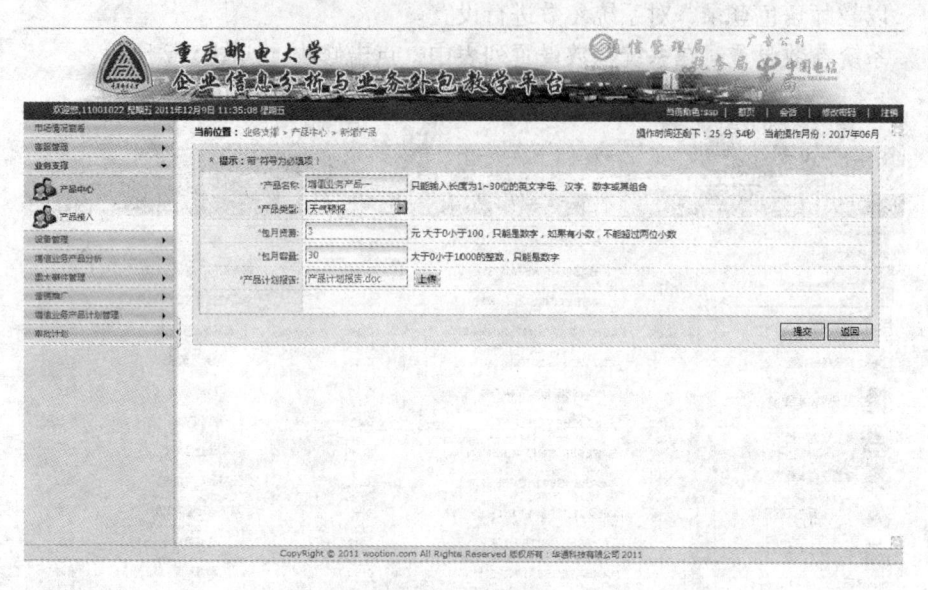

图 5-8　新增产品

②审批计划处审批。点击审批计划 > 增值业务产品计划审批，点击审批，如图 5-9 所示。

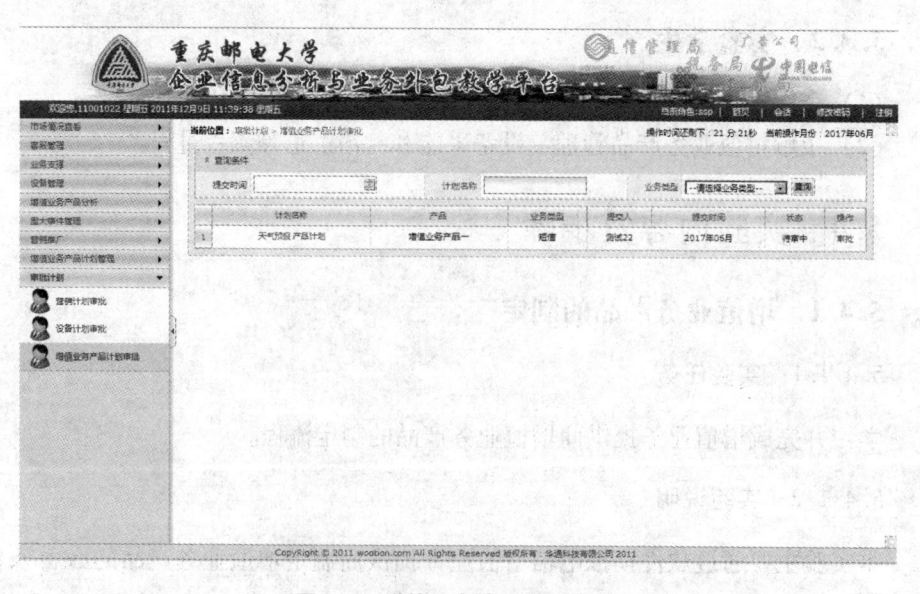

图 5-9　增值业务产品计划审批

点击业务支撑 > 产品中心，提交备案（至通信管理局），如图 5-10 所示。

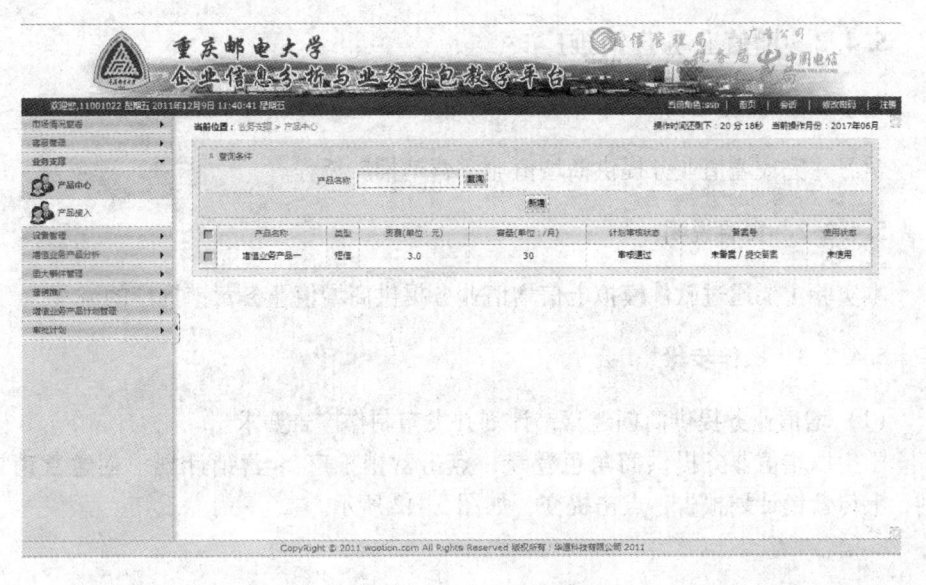

图 5-10 提交备案

③通信管理局登录。点击通信管理局备案＞增值业务产品备案，备案通过，如图 5-11 所示。

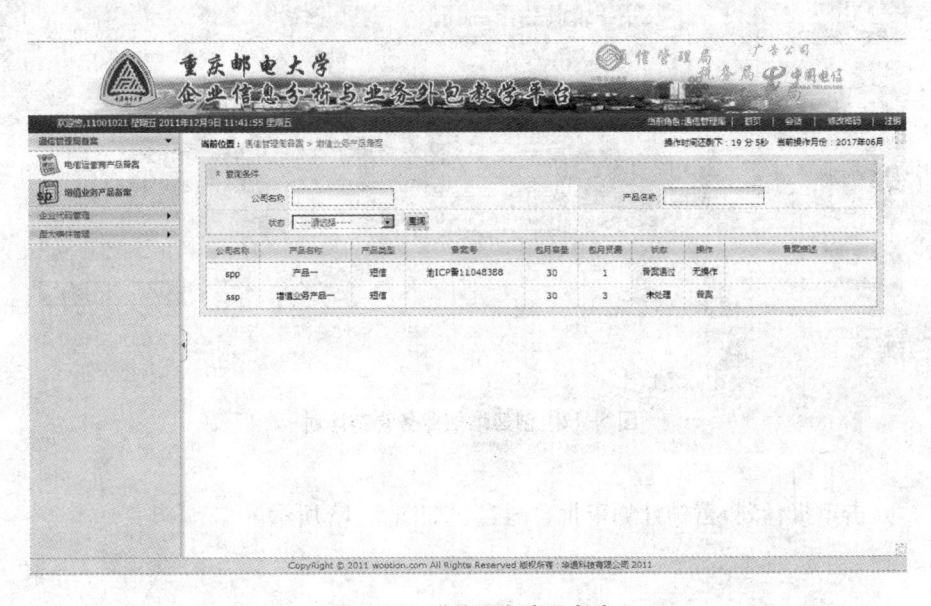

图 5-11 增值业务产品备案

（2）购买产品所需的设备。
所需设备如短信低级上线设备，具体操作步骤如电信运营商购买设备步骤。

5.4.1.4 注意事项

产品备案后需要经过设备采购环节才能接入基础网络运营商。

5.4.2 增值业务营销推广

5.4.2.1 实验任务

学习并完成增值业务提供商增值业务营销推广流程。

5.4.2.2 实验说明

本实验主要通过软件模拟电信增值业务提供商增值业务营销推广的流程。

5.4.2.3 操作步骤

（1）增值业务提供商创建营销计划并发布制作广告要求。

学生以增值业务提供商角色登录，点击营销推广＞营销计划＞创建营销计划，上传营销计划报告，点击提交，如图5-12所示。

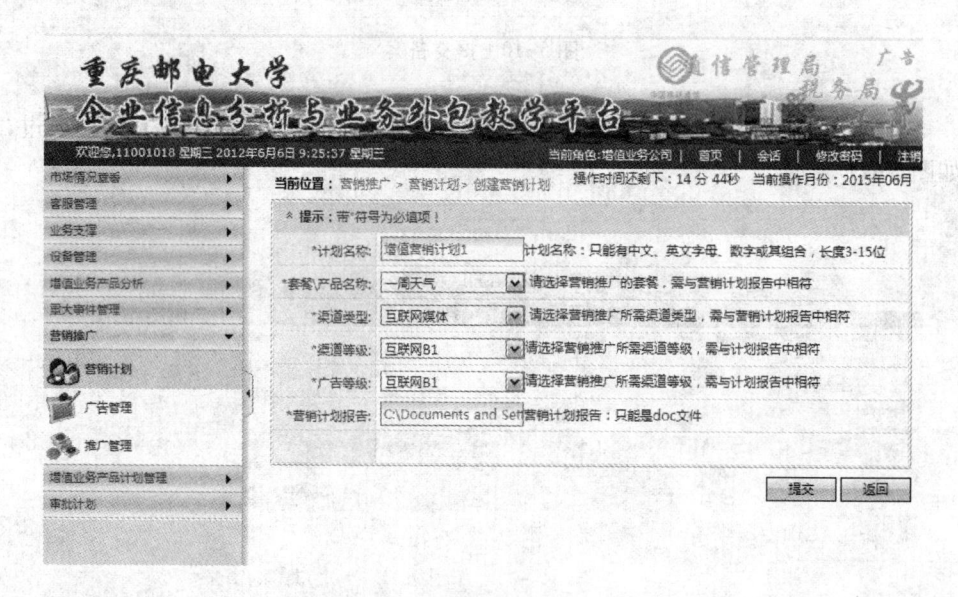

图5-12 创建增值业务营销计划

点击审批计划＞营销计划审批，通过，如图5-13所示。

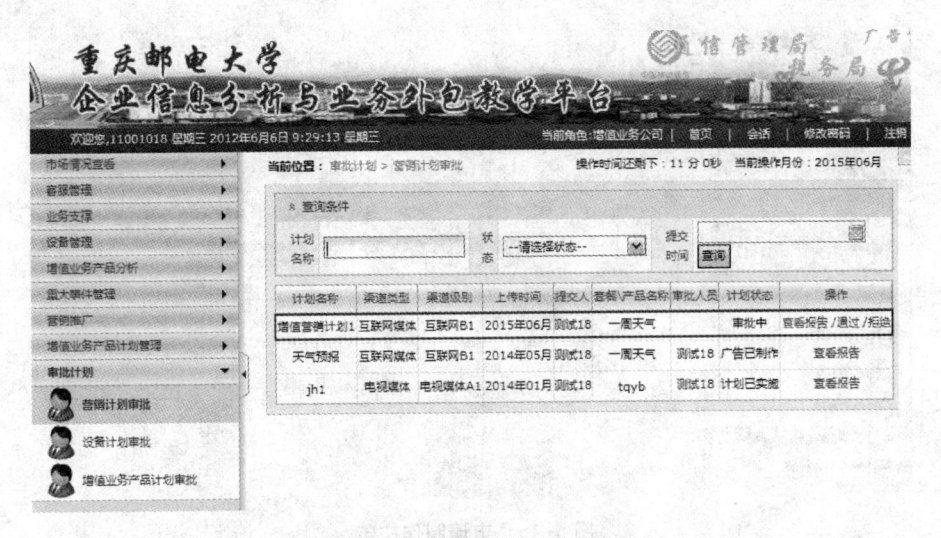

图 5-13　增值业务营销计划审批

审批通过之后，点击营销推广 > 营销计划，勾选刚刚通过的营销计划，点击制作广告，如图 5-14 所示。

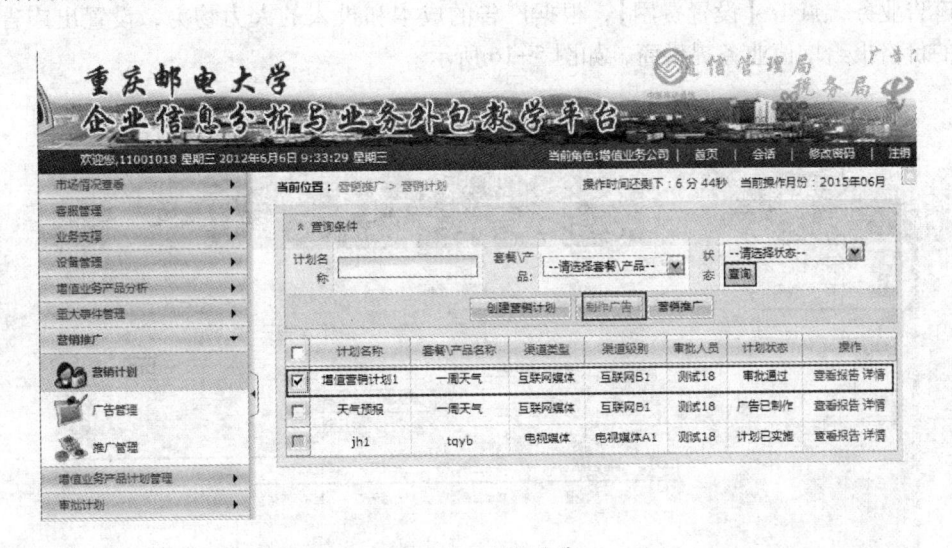

图 5-14　制作广告

点击【制作广告】按钮，根据要求填写或选择相关信息，点击【提交】按钮，如图 5-15 所示。

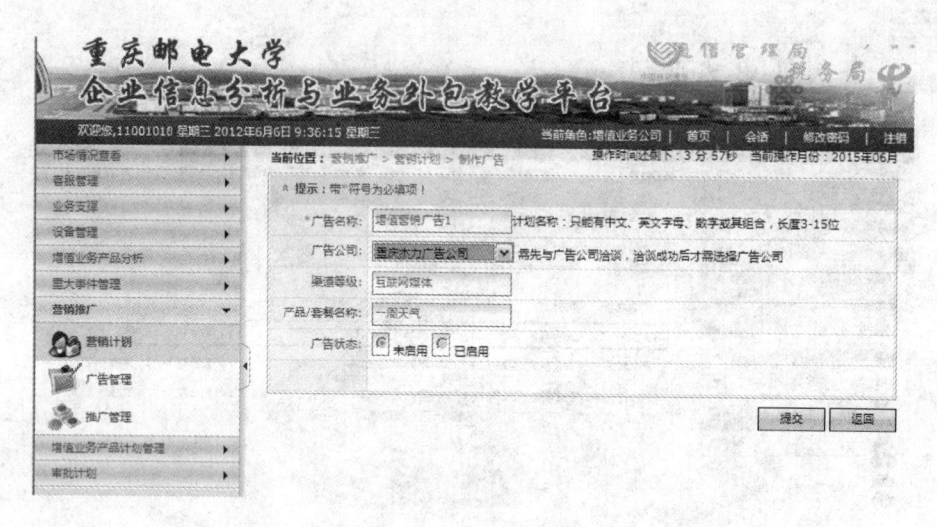

图5-15 申请制作广告

(2) 广告商制作广告。

担任广告商角色的学生登录，点击广告管理>待制作广告，勾选刚刚接到的广告业务，点击【设置费用】，根据广告的成本和投入的人力物力，设置出广告的价格报给增值业务提供商，如图5-16所示。

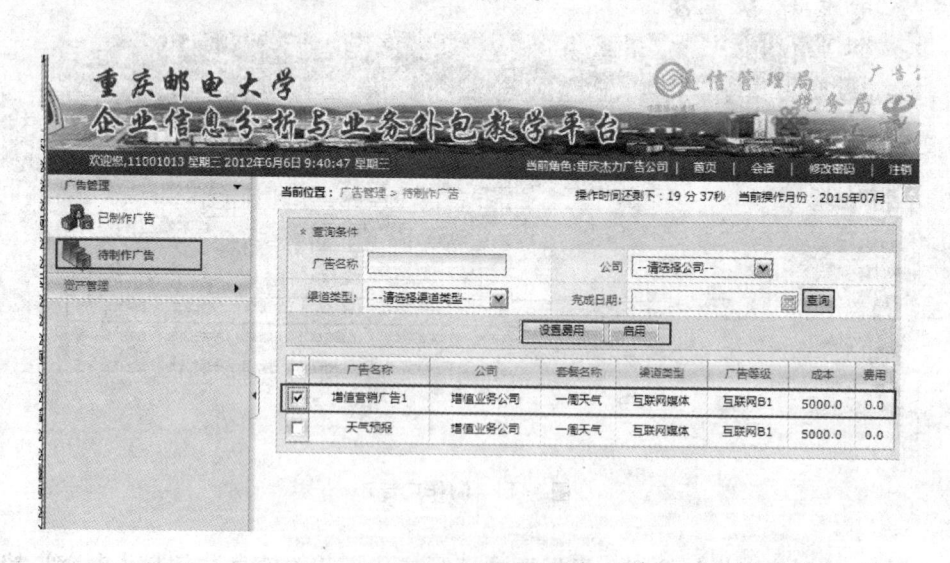

图5-16 待制作广告

广告商根据洽谈的结果设置制作广告费用，如图5-17所示。

图 5-17 设置广告费用

(3) 增值业务提供商进行转账。

扮演增值业务提供商角色的学生登录，点击营销推广>广告管理，可以看到广告商设置的价格，如图 5-18 所示。

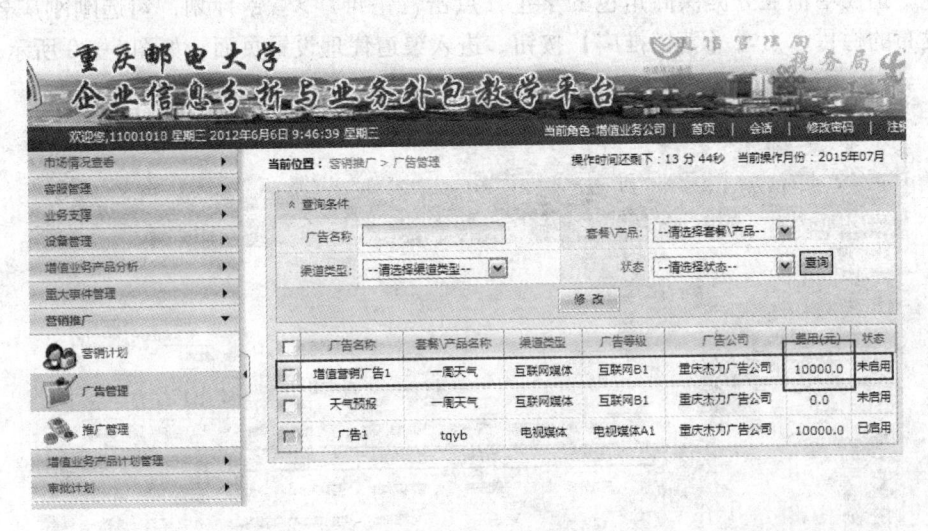

图 5-18 广告管理

扮演增值业务提供商角色的学生委托银行进行转账（银行转账）。

(4) 广告商制作广告。

扮演广告商角色的学生，点击广告管理>待制作广告，选择已制作的广告，点击【启用】按钮启用广告，如图 5-19 所示。

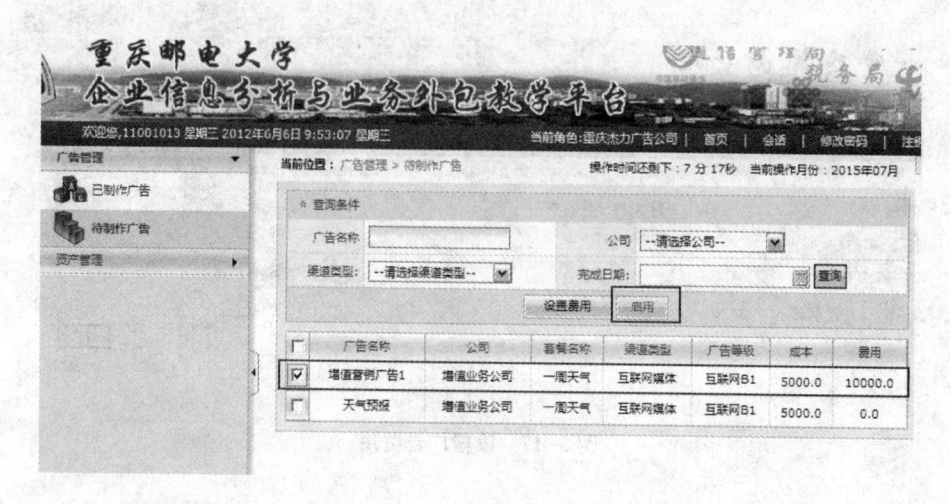

图 5-19 启用广告

(5) 增值业务提供商进行营销推广。

担任增值业务提供商角色的学生，点击营销推广>营销计划，勾选刚刚广告发布的栏目，点击【营销推广】按钮，进入渠道代理设置页面，如图 5-20 所示。

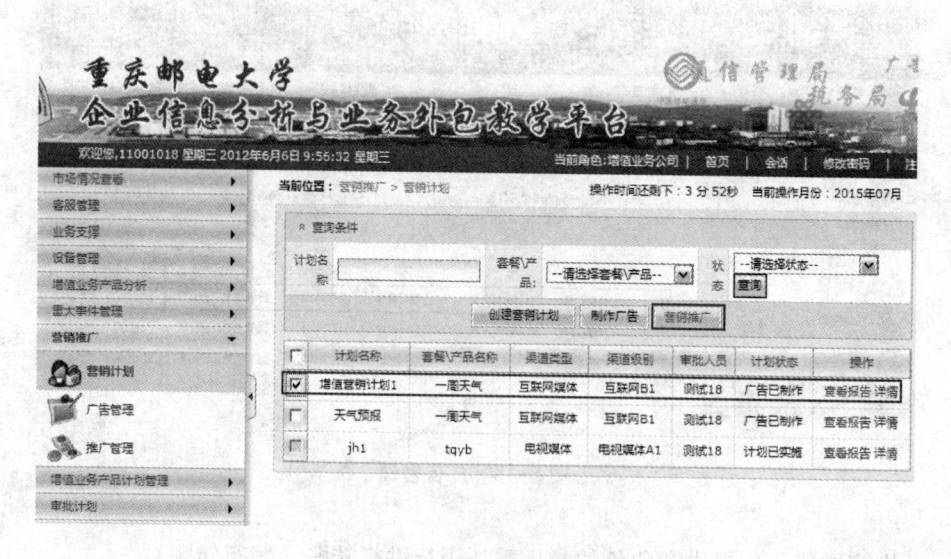

图 5-20 启动营销推广

选择下拉列表框的某项以及选择时间填写次数，再点击【提交】按钮，渠道代理设置成功，如图 5-21 所示。

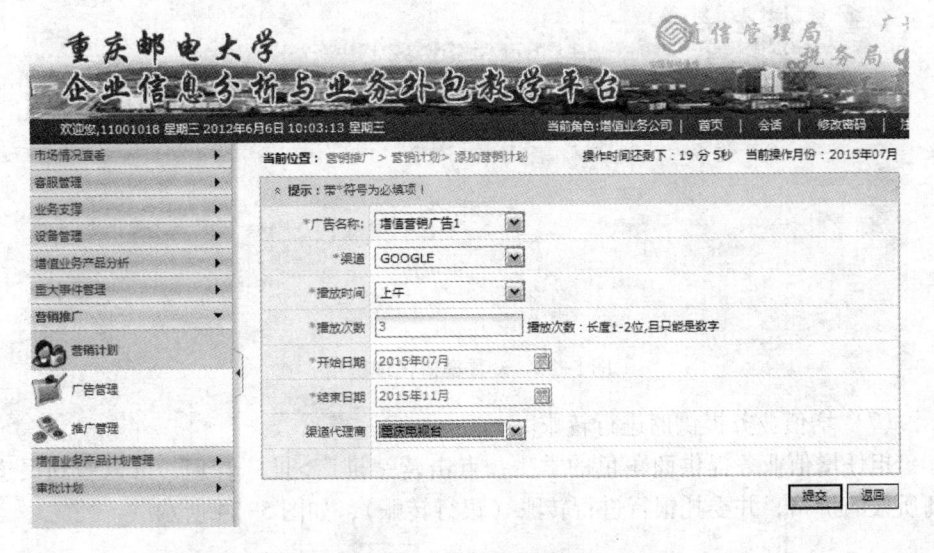

图 5-21 设置渠道代理

（6）渠道代理商设置渠道代理费用。

担任渠道代理商角色的学生登录。点击渠道商业务管理>待洽谈业务，勾选待洽谈业务项，点击【设置费用】按钮，进行费用设置，如图 5-22 所示。

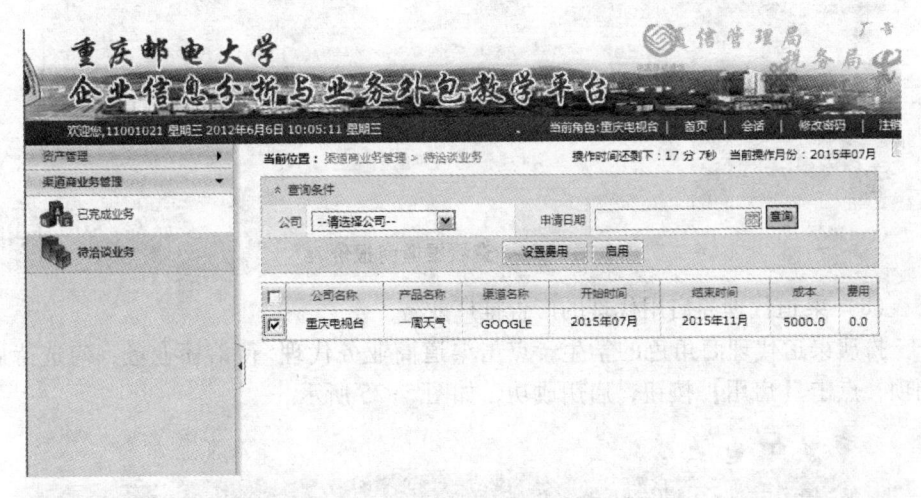

图 5-22 渠道商代理待洽谈业务

渠道代理商根据洽谈的结果设置渠道推广费用，如图 5-23 所示。

图 5-23　设置渠道代理费用

（7）增值业务提供商进行转账。

担任增值业务提供商角色的学生，点击营销推广>推广管理，可以看到渠道商所报的价格，并委托银行进行转账（银行转账），如图 5-24 所示。

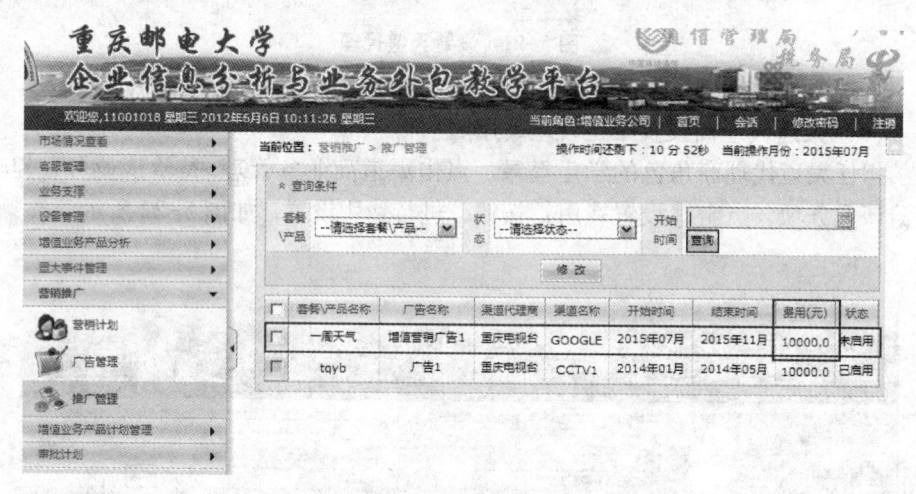

图 5-24　查看渠道商报价

（8）渠道代理商启用代理的广告推广业务。

扮演渠道代理商角色的学生，点击渠道商业务代理>待洽谈业务，勾选待启用项，点击【启用】按钮，启用成功，如图 5-25 所示。

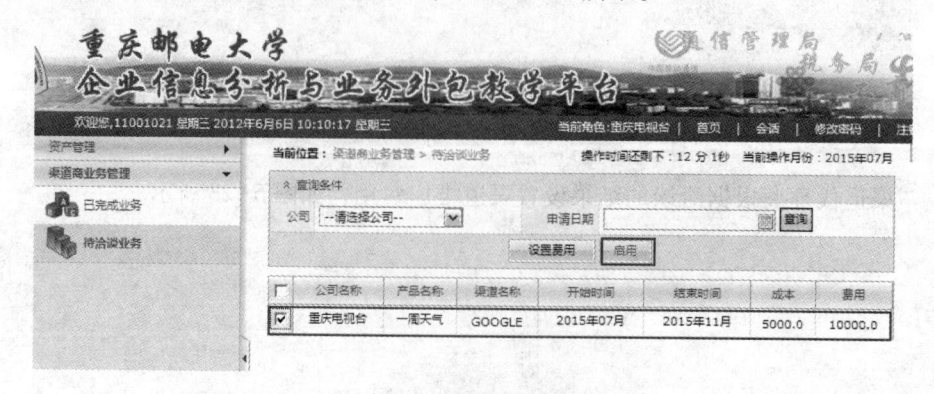

图 5-25　渠道代理启用

5.4.3 增值业务与运营商接入

5.4.3.1 实验任务

学习并完成增值业务提供商增值业务与运营商接入的流程。

5.4.3.2 实验说明

本实验主要通过软件模拟电信增值业务提供商的增值业务产品与运营商接入的必备条件与流程。

5.4.3.3 操作步骤

(1) 增值业务提供商购买设备并安放到接入运营商。

增值业务提供商学生登录,设备购买成功后,点击设备管理 > 公司设备管理,安放(如接入中国电信),提交之后点击启用,如图5-26所示。

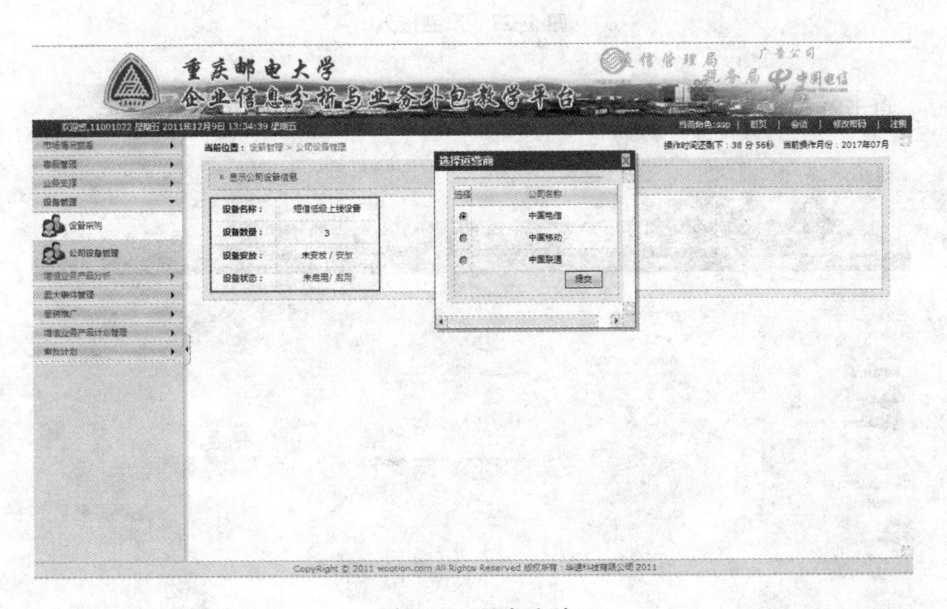

图5-26 设备安放

(2) 电信运营商进行产品接入并设置分成比例。

电信运营商(如中国电信)增值业务部,点击增值业务管理 > 产品接入,如图5-27所示。

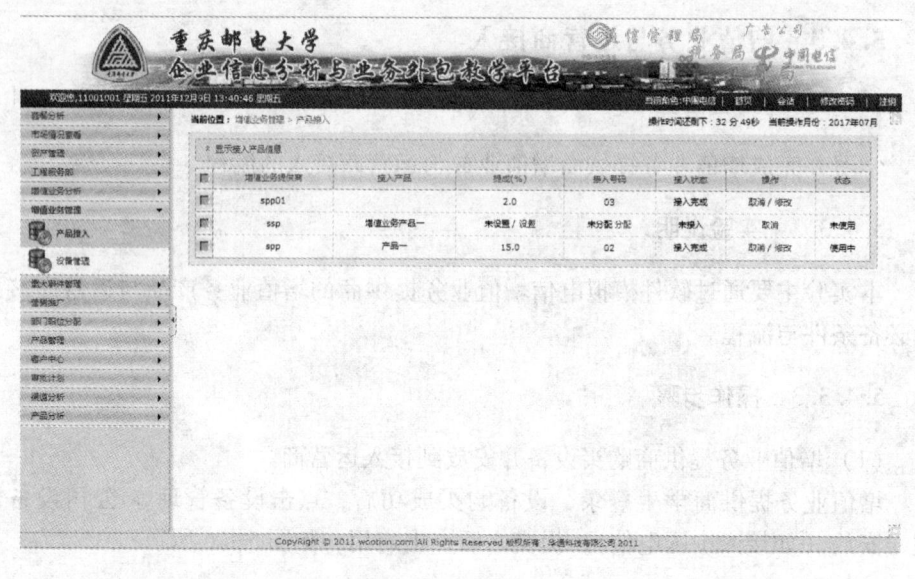

图5-27 产品接入

点击（提成）设置，设置提成，点击提交，如图5-28所示。

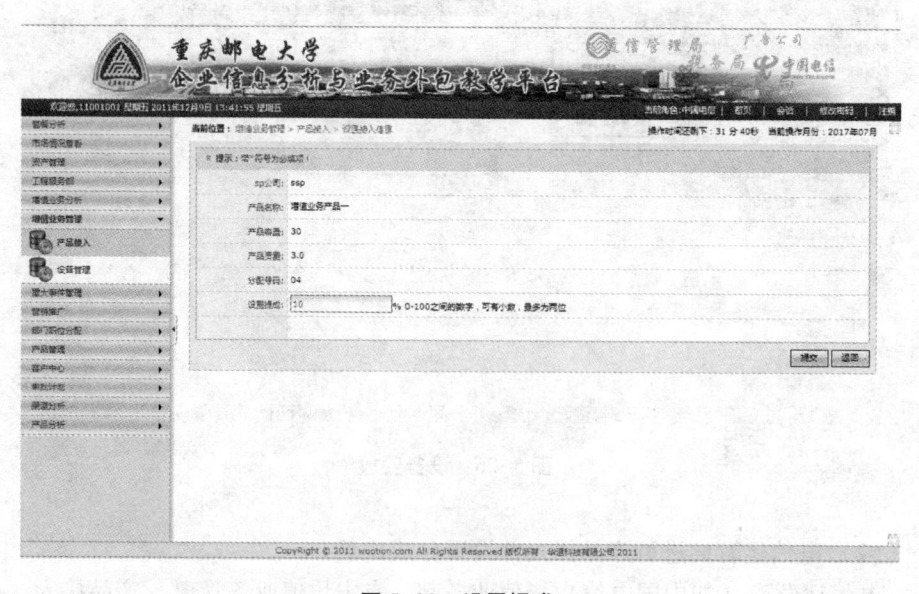

图5-28 设置提成

(3) 增值业务提供商启用产品。

增值业务提供商，点击业务支撑 > 产品中心，启用，如图5-29所示。

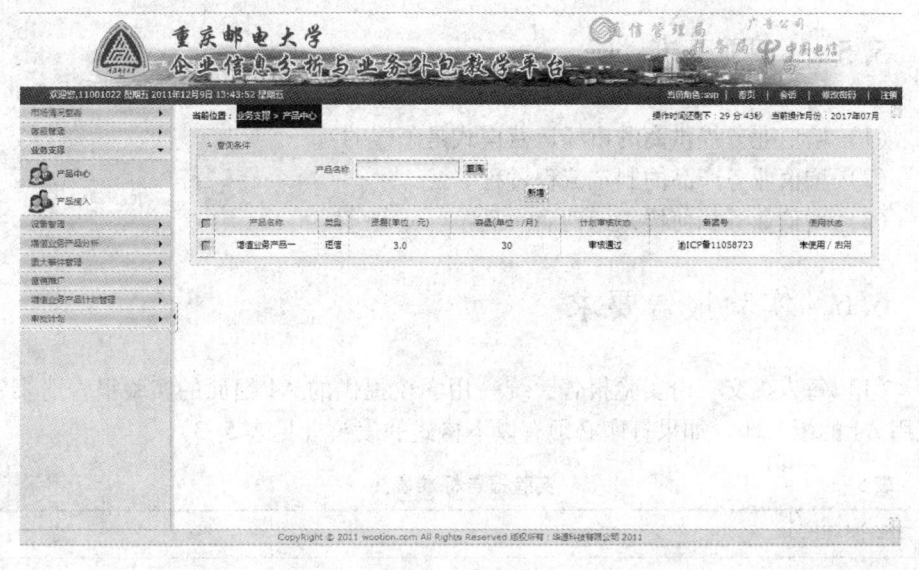

图 5-29　产品启用

电信运营商增值业务部，点击业务支撑 > 产品接入，点击接入情况，启用，如图 5-30 所示。

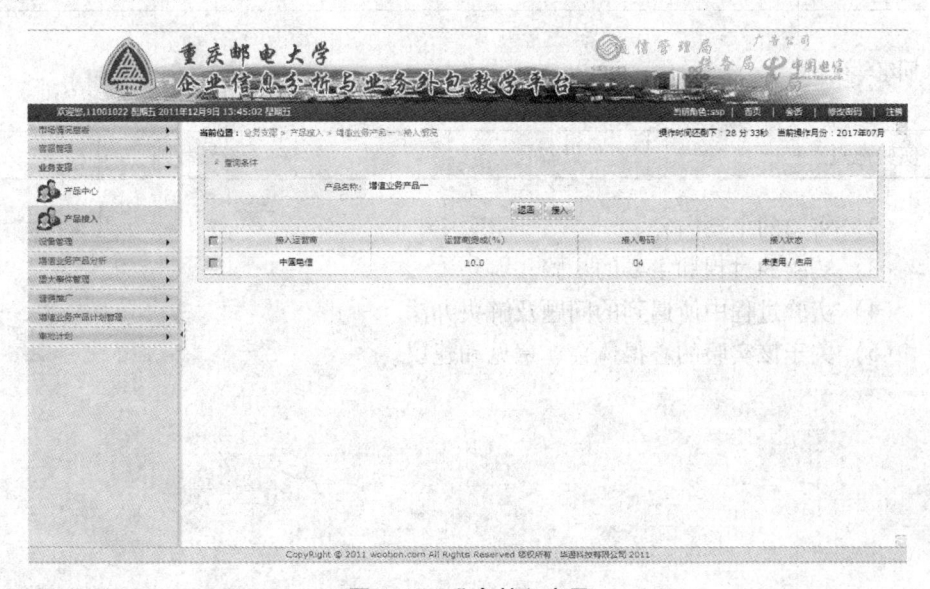

图 5-30　业务接入启用

5.4.3.4　注意事项

增值业务提供商在接入电信运营商时需要洽谈分成比例，一般来说，增值业务提供商与电信运营商的分成比例为 3∶7。

5.5 问题思考

（1）增值业务提供商的市场运营模式是怎样的？
（2）增值业务产品的制定流程过程。
（3）增值业务如何接入运营商产品？

5.6 实验报告要求

（1）每人提交一份实验报告，统一用学校提供的 A4 幅面的实验报告册书写或用 A4 的纸打印，如果打印必须有以下格式的表头（见表 5-3）。

表 5-3　　　　　　　　　实验报告标准表头

实验课程						
实验名称						
实验时间		学年	学期	周 星期	第	节
学生姓名		学号		班级		
同组学生						
实验地点		设备号		指导教师		

（2）实验的主要内容。
（3）实验的过程和主要的步骤。
（4）实验过程中所遇到的问题及解决办法。
（5）关于该实验的心得体会、意见和建议。

6 实验五 综合市场运营对抗模式

6.1 实验目的

运营商之间、增值业务提供商之间、设备制造商之间、广告代理商之间以及渠道代理商之间都存在着激烈的竞争关系，这在业内又被称为对抗关系。对抗关系的要素包含用户、收入、研发产品、定价、服务及渠道开拓。

综合市场运营对抗模式包括运营商、增值业务提供商、外围机构、政府金融服务机构的所有角色，全面实现对通信行业的市场运营对抗过程的模拟。同学们根据自己的角色扮演和对模拟系统的了解，以及对市场环境和竞争对手的情况进行分析，从总体上制定运营策略，把握整个运营商产品流程，目标是尽力提高自己的利润，学会如何在激烈的市场竞争中赢得胜利。

在综合市场运营对抗过程中，扮演不同角色的同学们根据业务数据分析结果来调整策略、制定目标、重新设计产品、制订并执行营销计划，进行市场推广，然后获取业务数据，再对其加以分析。在整个过程中，不是看同学对软件操作的熟练程度，更重要的是对市场情况和竞争对手有深入的分析，这样才能制定更加合理的竞争策略、产品运营策略、市场营销策略，从而在激烈的市场竞争中占得先机。

具体实验目的如下：

(1) 结合前几次课学习的内容进行综合实验，了解运营商之间的对抗关系。
(2) 深入理解运营商套餐类业务的运营准备和流程。
(3) 深入理解运营商的运营策略。
(4) 深入理解增值业务提供商的运营策略。
(5) 理解运营商市场运营的对抗关系。
(6) 理解综合实验中的各个业务流程。
(7) 根据经营分析情况制定自己的套餐业务的下一步策略。
(8) 了解公告管理员发布公告的流程。
(9) 了解重大事件对产品业务的影响，以及重大事的发布和查看。

6.2 知识准备

6.2.1 运营商套餐类业务的运营准备和流程

套餐是卖方为了取得长期用户并实现利益最大化而采取的一种销售形式。套餐销售形式已经渗透到人们生活的各个领域，尤其是通信行业。运营商市场口的从业人士毫不夸张地说工作都是在和套餐打交道。市场在变，用户消费特征在变，套餐产品也需要紧跟形势推陈出新。

设计一款套餐，简单。设计一款吻合市场需求、保障企业利益的套餐，不简单。为了拿出一款适合的套餐，需要把套餐设计当做一个项目来运作，需要在三易原则（易理解、易宣传、易实现）的指导下，按照设计流程步步推进。套餐设计流程如图6-1所示。

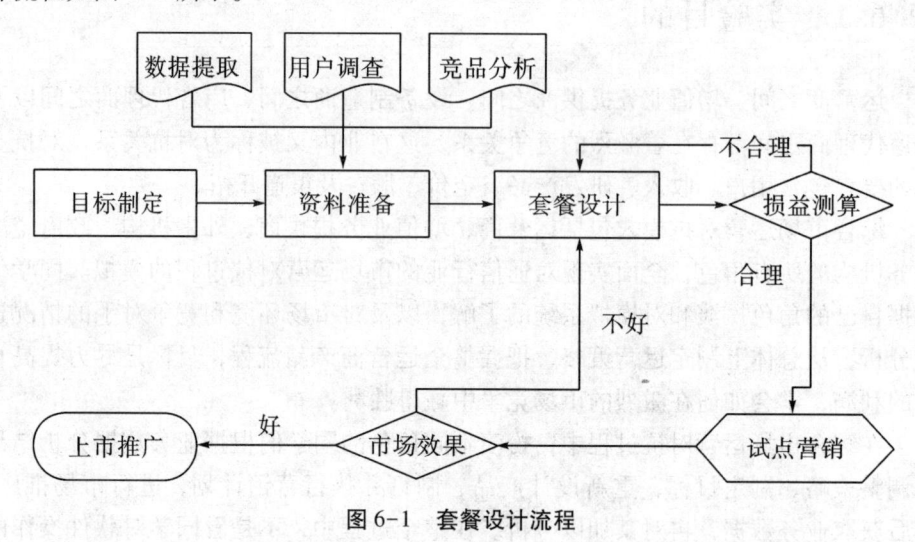

图6-1 套餐设计流程

套餐设计流程一般包括五个环节，即目标制定、资料准备、套餐设计、损益测算和试点营销。

第一步：目标制定。

目标制定的内容是要搞清楚设计套餐的主要目的是什么，通过什么产品、覆盖哪些人群、以什么样的优惠模式来达到这个目的。

套餐目的主要有保存激增用户、延缓ARPU下降、激发提升话务量和培养新业务消费习惯等。

产品主要是以固话、手机、宽带三大产品为基础，衍生功能性或内容性的增值业务，或以单产品出现，或以融合产品出现。

覆盖人群，要考虑是覆盖大网用户，还是覆盖部分用户；是覆盖常态性区域人群，还是覆盖竞争性区域人群。条件允许的话，还可以组合变量进行客户细分。

套餐优惠模式主要有分档包月、定向优惠、时段优惠、单次封顶、折扣优惠、基值优惠，等等。

第二步：资料准备。

资料准备一般通过三种方式进行，即数据提取、竞品分析和用户调查，用户调查视项目情况可做可不做。

数据提取是整个套餐设计的"基础的基础"，所提取数据的准确性直接决定套餐的好与坏。如果所提取数据有问题，后面的设计流程再怎么科学都是徒劳。数据提取需要套餐设计人员和支撑人员配合进行。在支撑人员提取数据之前，设计人员应该根据套餐设计的目的，确定数据提取用户范围、提取原则和提取宽带。同时，针对提取宽带做好字段解释词典，确保双方是在同一语义环境下进行工作。

竞品分析是分析竞争对手在同一目标客户群采用了哪些产品覆盖，优惠模式是什么，产品卖点是什么，平均单价是多少，做了哪些营销宣传，市场反应如何。用户调查主要是以市场调查的方式对用户的消费习惯和消费预期进行摸底。

第三步：套餐设计。

套餐设计包含数据探索、数据清洗、方案设计和合理性校验等环节。

数据探索主要是利用 spss、sas 等统计分析软件对数据源进行统计分析，通过最大值、最小值、均值、众数、中位数等对原数据的各个字段进行描述。

数据清洗主要是在数据探索的基础上，把原数据的某些字段的奇异值清洗掉。

方案设计是在清洗完毕的干净数据库上进行统计分析，寻找样本用户的通信消费特征、消费结构等，根据既定的优惠模式进行方案测算。比如分档包月，关键点是如何确定分档和如何确定各档单价，这两点都是根据样本用户的消费行为进行确定的。

合理性校验一般是在分档包月的优惠模式之上，利用"越高端越优惠"的原则进行校验。

第四步：损益测算。

损益测算主要是测算所设计的套餐投入市场之后会给企业带来多大的收益。损益测算一般测算三个版本，一个是悲观损益，一个是一般损益，一个是乐观损益。损益测算为事前评估，也就是对市场的一种预测，所以需要引入假设、引入参照组等相关条件。

损益测算如果在企业承受范围之内，那么把套餐方案投入市场进行试点营销；如果在企业承受范围之外，则需要返回到套餐设计环节重新测算。

第五步：试点营销。

损益测算通过之后，企业应该把套餐产品投放到特点不一的两个或两个以上的市场进行试点营销。试点营销反馈好的话，沉淀经验扩散到其他地区进行推广；试点营销反馈不好的话，查找缺点、优化产品，再行推广。

试点营销的关键是找好试点市场。必须高度重视试点市场，不能因为是试点就敷衍了事，否则就失去了试点的意义。

对中国的通信运营商而言，需要增强产业链掌控功能。当前各种基本业务和增值业务的外延不断扩大，已经向新闻、传媒、娱乐、广告、金融、保险等领域渗透，未来将渗透到更多的行业和领域。但是与此同时，随着互联网业务的发展，内容/应用开发商、软件开发商以及终端制造商，以各种形式争夺产业链话语权，使得产业的边界更加模糊，产业去中心化态势日益明显。加强对产业链的掌控，就需要通信运营商的 IT 系统增强物流管理能力、供应链管理能力、终端管理能力、业务的渠道开发能力、业务生命周期管理能力，等等。

通过转变，实现新一代的通信运营企业的 IT 能力，获得能够快速推出新业务的业务开通能力、能够保证业务质量的业务保障能力和运维成本最低的低成本运作能力，打造出运营灵活高效、管理集约化的通信运营商。

6.2.2 运营商的竞争策略

在市场运营过程中，各运营商之间存在着激烈的竞争关系，又被称为对抗关系。对抗关系的要素包含用户、收入、产品、定价、服务及渠道开拓。三大运营商对抗关系如图 6-2 所示。

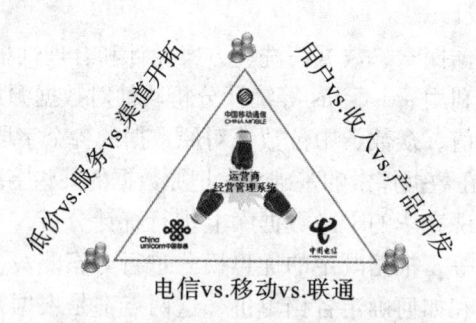

图 6-2 运营商对抗关系图

运营商是采取什么措施来竞争的呢？在系统中又如何能做到呢？

下面举例列出三大运营商的竞争策略，如图 6-3 所示。

中国联通	中国移动	中国电信
运营策略 • 低价策略	运营策略 • 渠道开拓	运营策略 • 重视服务
产品策略 • 低价产品	产品策略 • 一般产品	产品策略 • 一般产品
营销策略 • 互联网广告	营销策略 • 互联网广告	营销策略 • 互联网广告
覆盖区域 • 单一区域	覆盖区域 • 多个区域	覆盖区域 • 单一区域
客户服务 • 较小的客服中心	客户服务 • 较小的客服中心	客户服务 • 较大的客服中心

图 6-3 运营商策略图

由图 6-3 可以看出，联通主要是靠低价产品来吸引客户，联通业务策划部的同学，在产品设计的时候可以将套餐的价格设计得低一点。

移动是通过开拓渠道来扩宽市场吸引客户，那么移动市场推广部的同学就可以多为产品打广告。

电信是以重视服务来吸引客户，电信客服部的同学可以新建大型的客服中心，从而实现以高效的服务来吸引客户。

根据上面的例子，同学们根据各自对市场运营的敏锐度或是对市场分析情况的了解，采用不同的经营策略来进行对抗。

业务数据分析主要是对各运营商的用户数据及营业收入数据的分析比较，系统采用柱状图的方式进行展示，如图 6-4 所示。

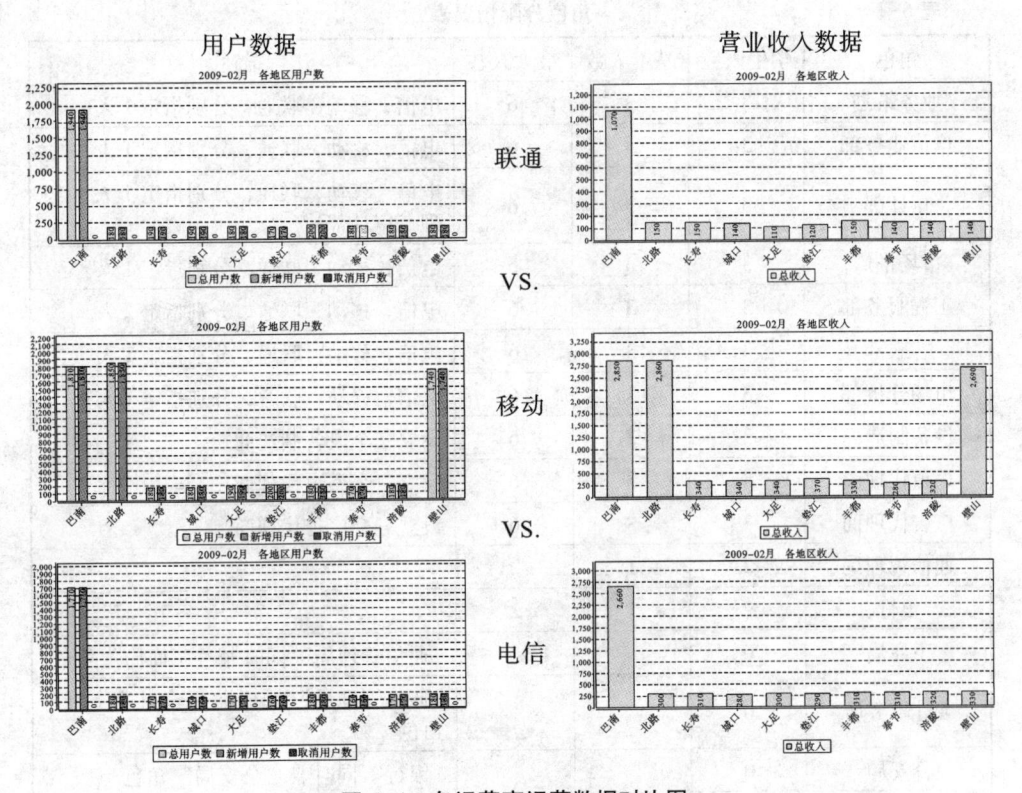

图 6-4 各运营商运营数据对比图

同学们根据业务数据分析结果来调整策略、制定目标，重新设计产品、制订并执行营销计划，获取业务数据，并对其进行分析。

后面的实验也主要通过改变角色并结合前面的知识进行综合实验，更深入了解运营商之间的对抗关系。

6.3 实验准备

6.3.1 实验教师

6.3.1.1 创建学生账号和分配角色

（1）确保每人一台电脑，并且每台机器都能连上 Internet 及校园网；

（2）保证实验教学平台正常访问；

（3）教师导入学生，并根据下面的角色分配表进行角色分配（见表 6-1）。学生角色分配实例如表 6-2 所示。

表 6-1　　　　　　　　角色分配情况表

角色	学生人数	基本人数	最大人数	描述
业务策划	3	3	6	电信，移动，联通，分别指定1人
增值业务部	3	3	6	电信，移动，联通，分别指定1人
审计部	3	3	6	电信，移动，联通，分别指定1人（经理兼审计部）
市场推广	3	3	6	电信，移动，联通，分别指定1人
工程服务部	3	3	6	电信，移动，联通，分别指定2人
客服部	3	3	6	电信，移动，联通，分别指定1人
市场分析部	3	3	6	电信，移动，联通，分别指定1人
设备制造商	3	3	6	设立三个设备制造商
渠道代理商	3	3	6	设立三个渠道代理商
广告代理商	3	3	6	设立三个广告代理商
通信管理局	2	1	2	
银行	2	1	2	
工商局	0			"通信管理局"同时兼"工商局"角色
会计事务所	0			"通信管理局"同时兼"会计事务所"角色
公安局	0			"银行"同时兼"公安局"角色
税务局	0			"银行"同时兼"税务局"角色
增值业务提供商	11	2	不限	设立若干增值业务提供商，每个增值业务提供商1~2人
共计：	45			1. 少于45人，减少增值业务提供商、设备制造商、渠道商、广告商、通信管理局、银行（依次减少，注意不能少于基本人数）
				2. 多于45人，增加增值业务提供商、市场推广、业务策划、银行、通信管理局、广告商、渠道商、设备制造商（依次增加，注意不能多于最大人数）

表 6-2　　　　　　　　　　学生角色分配实例

学号	姓名	性别	电话	默认角色	备注
11001001	测试 1	男	19398784561	中国电信	经理，兼职审计、市场分析
11001002	测试 2	女	19398784561	中国电信	业务策划
11001003	测试 3	女	19398784561	中国电信	增值业务部
11001004	测试 4	女	19398784561	中国电信	市场推广
11001005	测试 5	男	19398784561	中国电信	工程服务部
11001006	测试 6	男	19398784561	中国电信	客服部
11001007	测试 7	女	19398784561	中国移动	经理，兼职审计、市场分析
11001008	测试 8	女	19398784561	中国移动	业务策划
11001009	测试 9	女	19398784561	中国移动	增值业务部
11001010	测试 10	男	19398784561	中国移动	市场推广
11001011	测试 11	男	19398784561	中国移动	工程服务部
11001012	测试 12	女	19398784561	中国移动	客服部
11001013	测试 13	女	19398784561	中国联通	经理，兼职审计、市场分析
11001014	测试 14	女	19398784561	中国联通	业务策划
11001015	测试 15	女	19398784561	中国联通	增值业务部
11001016	测试 16	女	19398784561	中国联通	市场推广
11001017	测试 17	女	19398784561	中国联通	工程服务部
11001018	测试 18	女	19398784561	中国联通	客服部
11001019	测试 19	女	19398784561	华为	
11001020	测试 20	女	19398784561	中兴通讯	
11001021	测试 21	女	19398784561	大唐	
11001022	测试 22	男	19398784561	银行	兼工商局
11001023	测试 23	男	19398784561	银行	兼会计事务所
11001024	测试 24	男	19398784561	通信管理局	兼公安局
11001025	测试 25	男	19398784561	通信管理局	兼税务局
11001026	测试 26	女	19398784561	正智渠道代理公司	

表6-2(续)

学号	姓名	性别	电话	默认角色	备注
11001027	测试27	女	19398784561	优邦渠道代理公司	
11001028	测试28	女	19398784561	荣耀渠道代理公司	
11001029	测试29	女	19398784561	重庆杰力广告公司	
11001030	测试30	男	19398784561	重庆巨鹏广告公司	
11001031	测试31	男	19398784561	重庆巨鹏广告公司	
11001032	测试32	女	19398784561	重庆商道广告公司	
11001033	测试33	女	19398784561	增值业务提供商1	
11001034	测试34	女	19398784561	增值业务提供商2	
11001035	测试35	女	19398784561	增值业务提供商3	
11001036	测试36	女	19398784561	增值业务提供商4	
11001037	测试37	男	19398784561	增值业务提供商5	
11001038	测试38	男	19398784561	增值业务提供商6	
11001039	测试39	男	19398784561	增值业务提供商7	
11001040	测试40	男	19398784561	增值业务提供商8	
11001041	测试41	女	19398784561	增值业务提供商9	
11001042	测试42	女	19398784561	增值业务提供商10	
11001043	测试43	女	19398784561	增值业务提供商11	
11001044	测试44	男	19398784561	增值业务提供商12	
11001045	测试45	男	19398784562	增值业务提供商13	

6.3.1.2 设置实验时间

以教师角色登录，设置开始实验的时间：点击实验管理>实验时间管理，进入实验时间管理页面；进入新增实验时间管理页面，选择实验开始时间，填入实验开始时间（最大设置时间40分钟，建议设置时间20分钟）。

注意：每次实验结束后，教师需结束实验时间。从第二次课开始，若为不同班级上课，管理员需切换到对应的数据源上课，如图6-5所示。

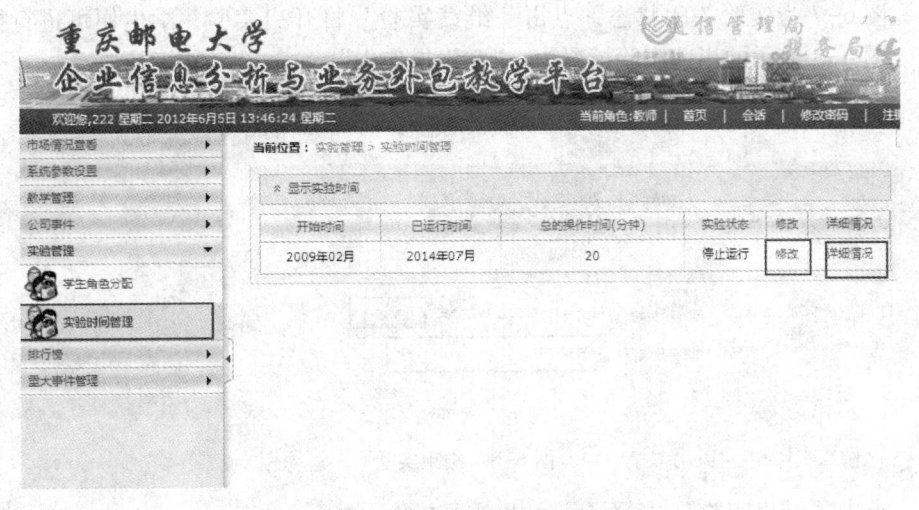

图 6-5　实验时间管理

点击"修改"列中的【修改】，对实验时间进行修改，如图 6-6 所示。

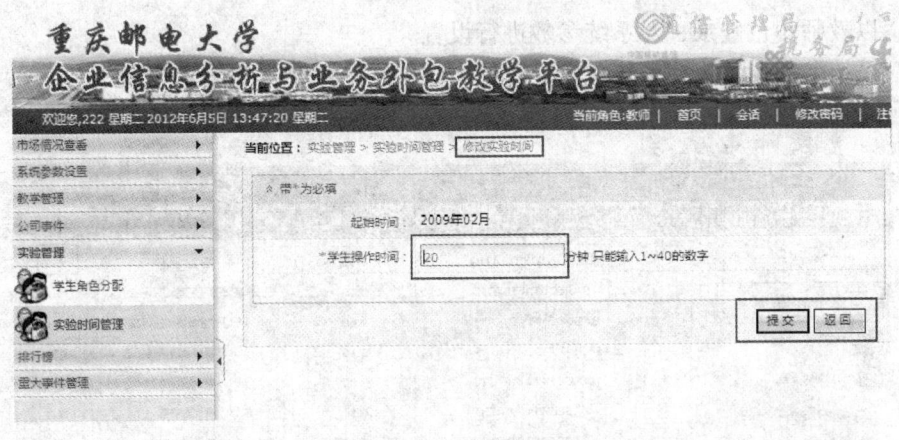

图 6-6　实验时间修改

根据输入框后的描述要求录入"学生操作时间"，点击【提交】按钮即可保存修改的时间，若不需要修改，点击【返回】按钮即可。

点击"详细情况"，对实验班级进行数据库启用或是更改实验班级的数据库启用，如图 6-7 所示。

图 6-7　继续实验

图 6-7 为实验关闭状态，点击"继续实验"将开启实验，学生便可进行操作。图 6-8 显示的当前实验情况为："学生操作中"。

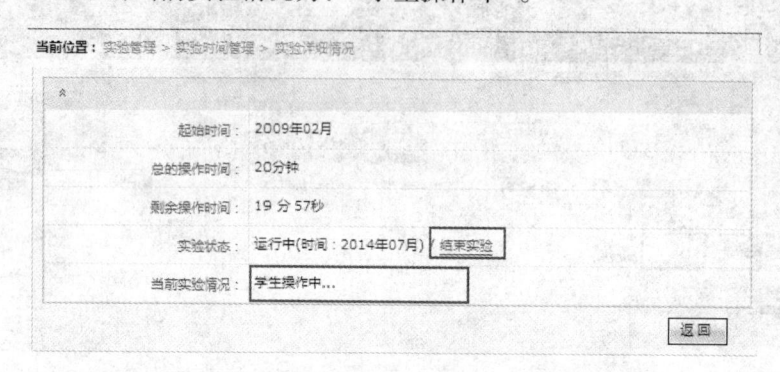

图 6-8　结束实验

点击"结束实验"，将不允许学生进行操作。

6.3.1.3　设置系统参数

以教师角色登录，对系统参数进行设置。

系统参数设置：在系统参数设置列表中，点击修改，如图 6-9 所示。

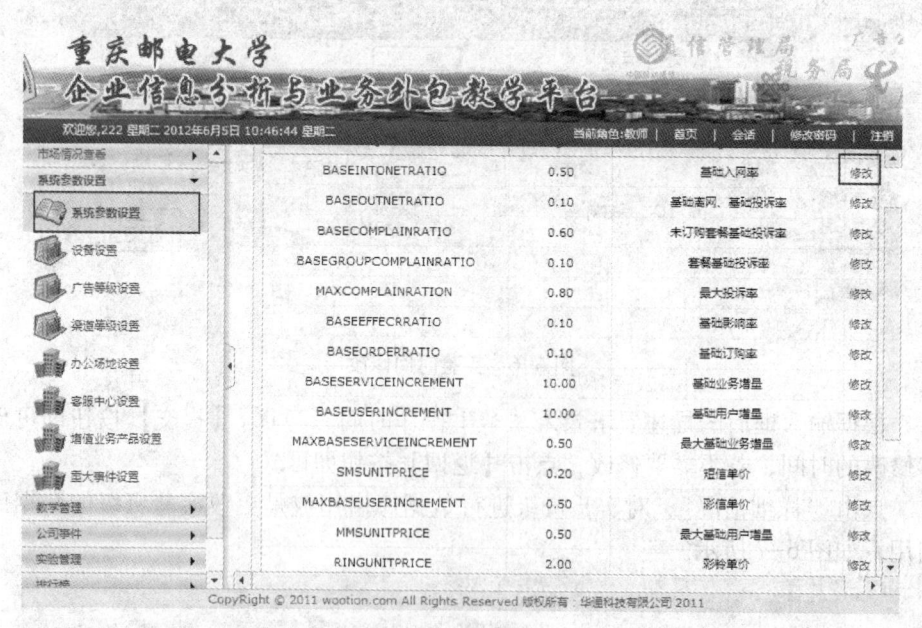

图 6-9　参数配置

6.3.2　实验学生

（1）中国电信，中国移动，中国联通三个运营公司的总经理根据上面的角色分配表给小组成员分配部门职位。

注意：职业介绍所的学生需要在规定的时间内根据角色分配表切换岗位，角色分配表中有规定的时间范围。

（2）业务策划部门的同学下载产品设计器。

业务策划部门的同学登录后，点击产品管理>产品计划，在产品计划页面，点击【产品设计器下载】按钮，将产品设计器下载保存到本地磁盘，并解压文件，如图 6-10 所示。

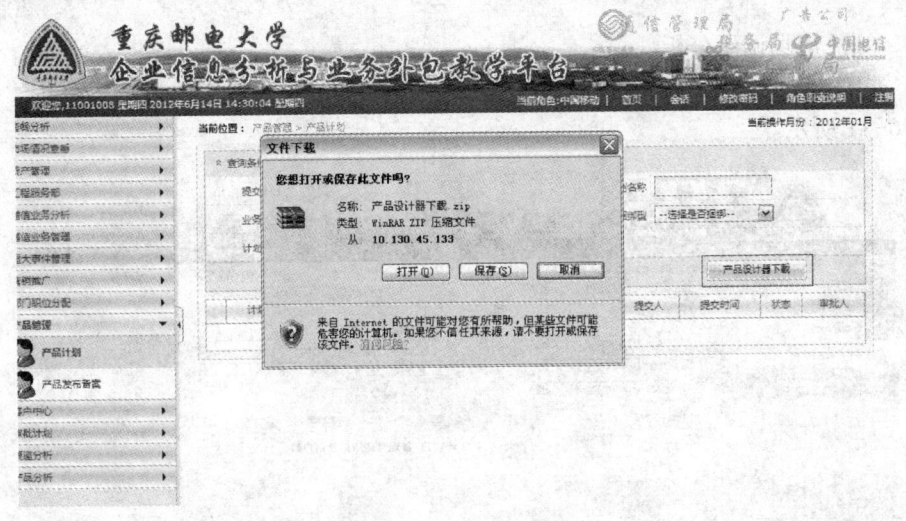

图 6-10　产品设计器下载

（3）业务策划部门的同学配置好产品设计器。产品设计器配置如下（产品设计器\config\config.properties 文件）：

driver＝oracle.jdbc.driver.OracleDriver
url＝jdbc:oracle:thin:@<u>172.22.4.71</u>:<u>1521</u>:<u>wootion</u>
name＝<u>online14</u>
password＝<u>online14</u>

根据实际的上课环境修改下划线部分内容。（询问老师）

担任业务策划部门角色的同学实验时点击 产品设计器.exe 图标设计产品，具体操作请参照实验内容及指导。

6.4　实验内容及步骤

6.4.1　市场调研

6.4.1.1　实验任务

市场分析部负责对现有市场情况进行调研，撰写市场调研报告，为制定经营策略提供支撑。

6.4.1.2　实验说明

市场调研是运营商制定运营策略的依据。通过市场调研，运营商可以了解整个市场的现状。市场分析部通过对市场调研分析并结合产品、渠道、套餐分析中的同比情况，针对竞争对手和自身发展策略撰写市场调查报告。该报告将在刊物上发表，经过审阅发布后其他业内公司也可查看。发表市场调查报告的公司将获得用户订购数加成。

6.4.1.3 操作步骤

（1）市场调研分析。

担任市场分析部门角色的学生登录，点击市场情况查看>市场调研分析，如图 6-11 所示。

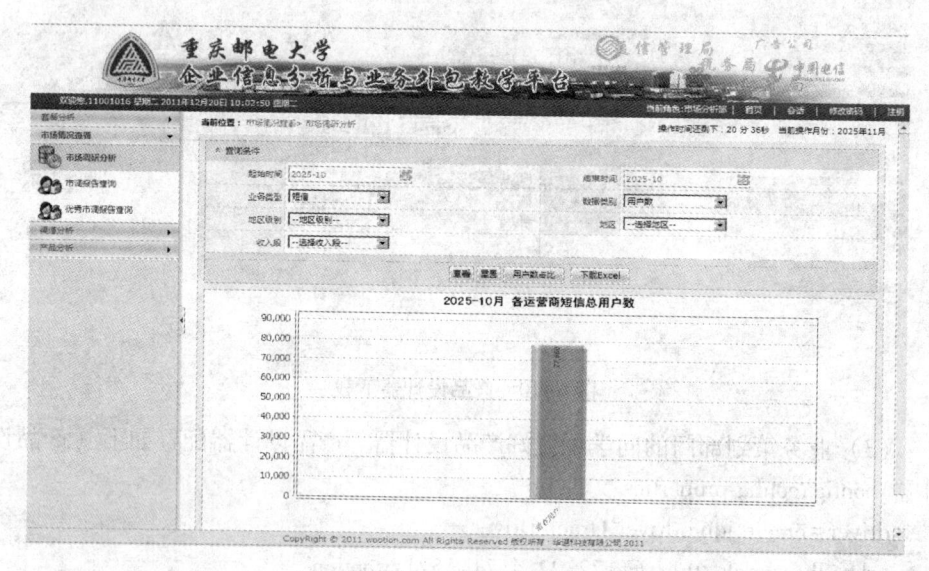

图 6-11　市场调研分析

（2）进行渠道分析。

点击渠道分析 > 渠道展现，输入查询条件查看渠道展现，如图 6-12 所示。

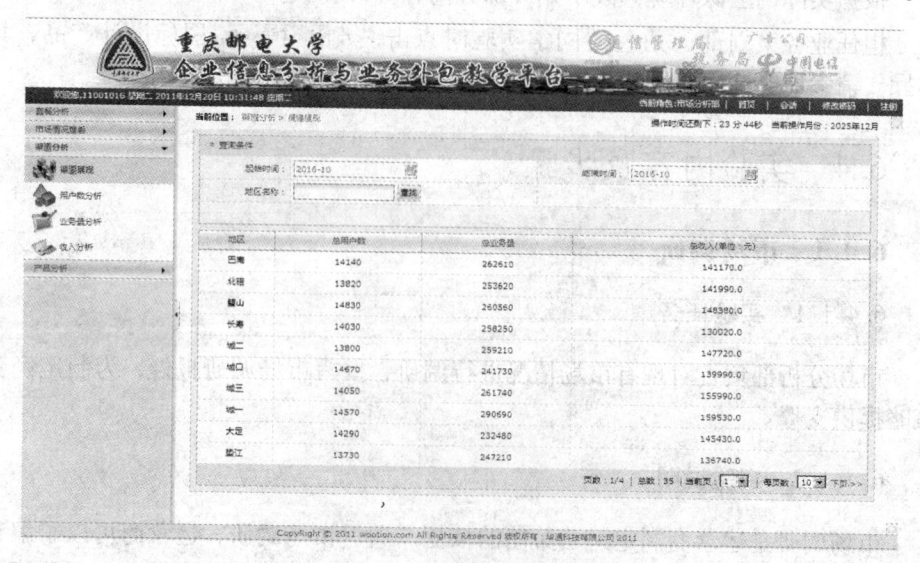

图 6-12　查看渠道展现图

点击渠道分析 > 用户数分析，查看用户数情况。

可分别查看同比，下载 excel，用户数占比（操作步骤如套餐分析）。

(3) 进行产品分析。

点击产品分析 > 点对点短信，页面默认显示用户数分析，如图 6-13 所示。

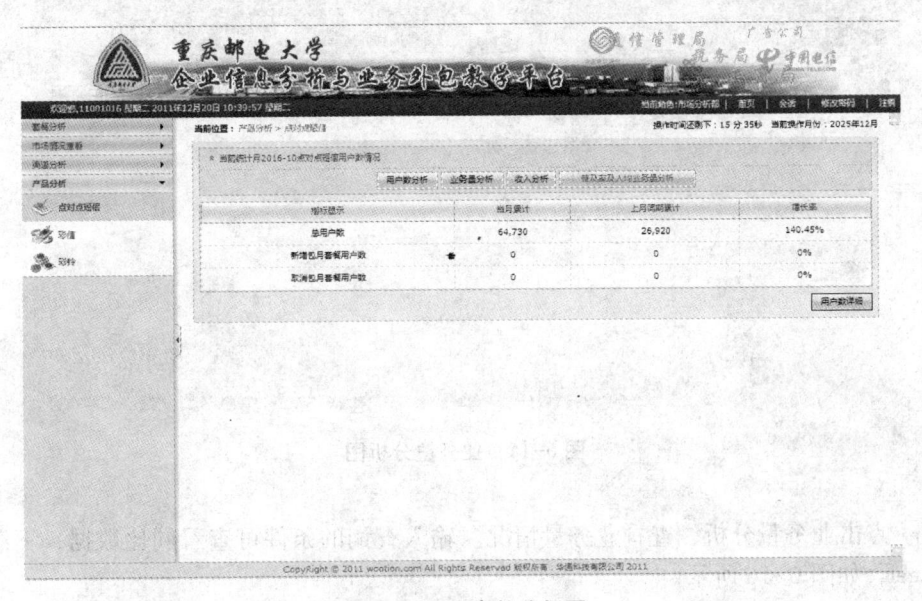

图 6-13　用户数分析图

点击用户数分析，查看用户数情况。输入查询的条件可查看同比数据，下载 excel，如图 6-14 所示。

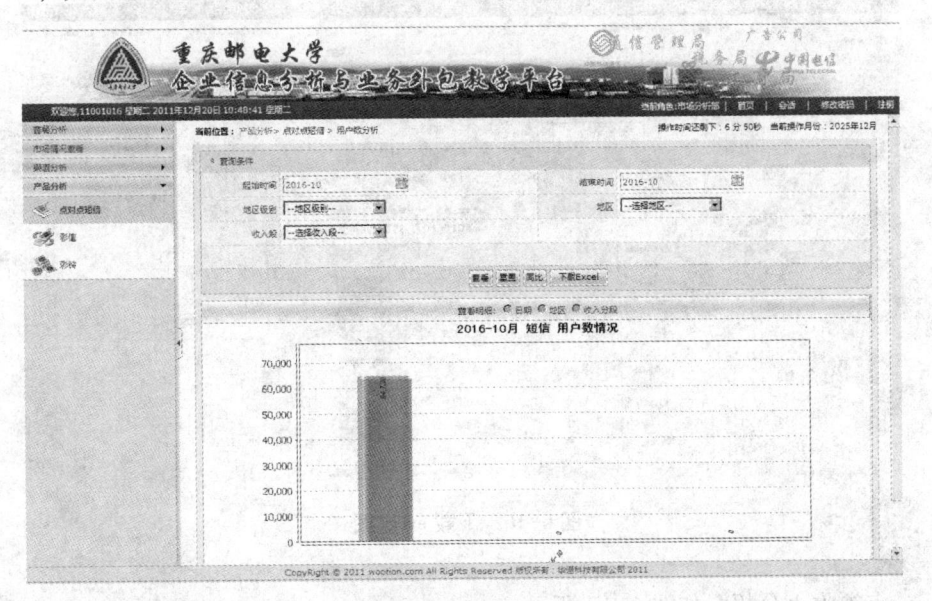

图 6-14　下载 excel 图

点击业务量分析，如图 6-15 所示。

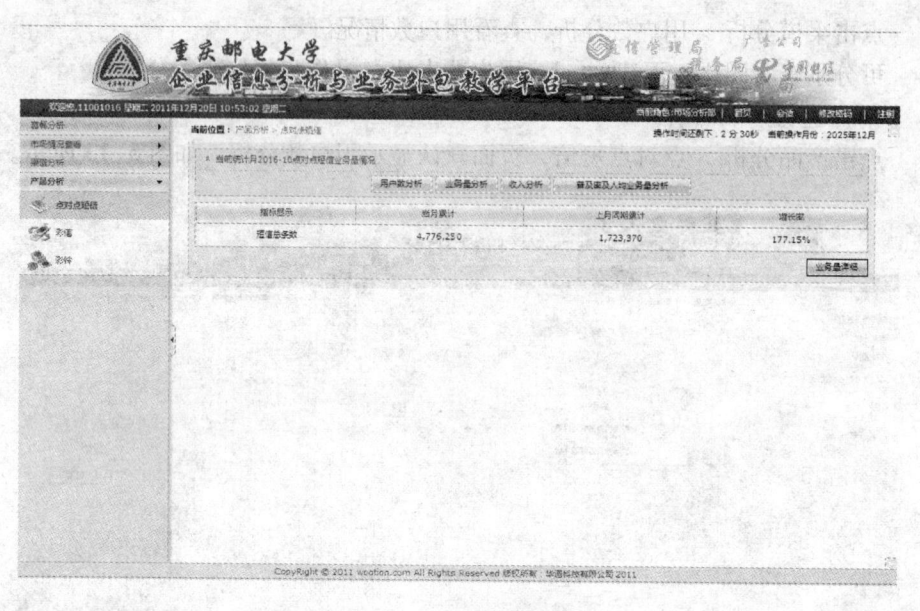

图 6-15　业务量分析图

点击业务量分析，查看业务量情况。输入查询的条件可查看同比数据，下载 excel，如图 6-16 所示。

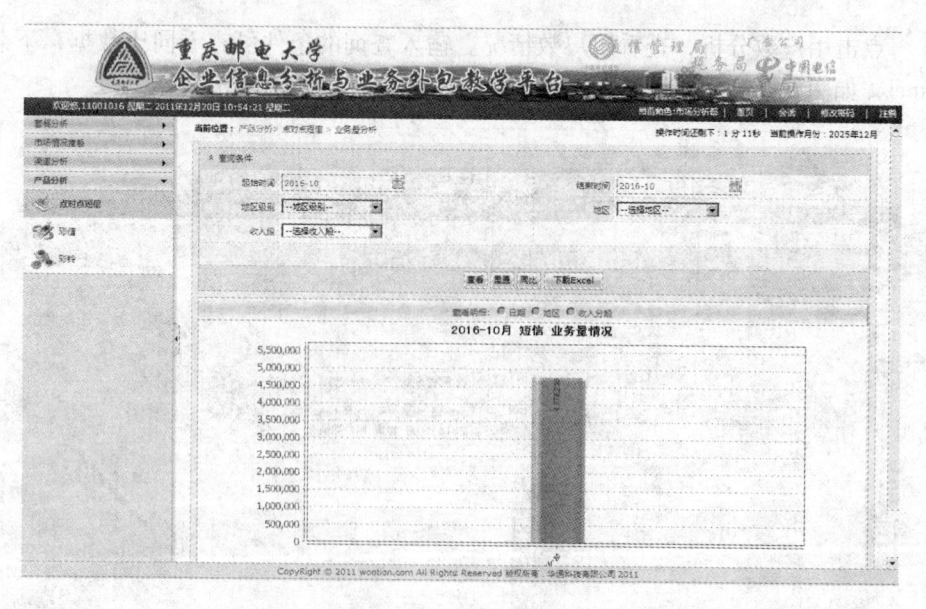

图 6-16　下载 excel 图

点击收入分析，如图 6-17 所示。

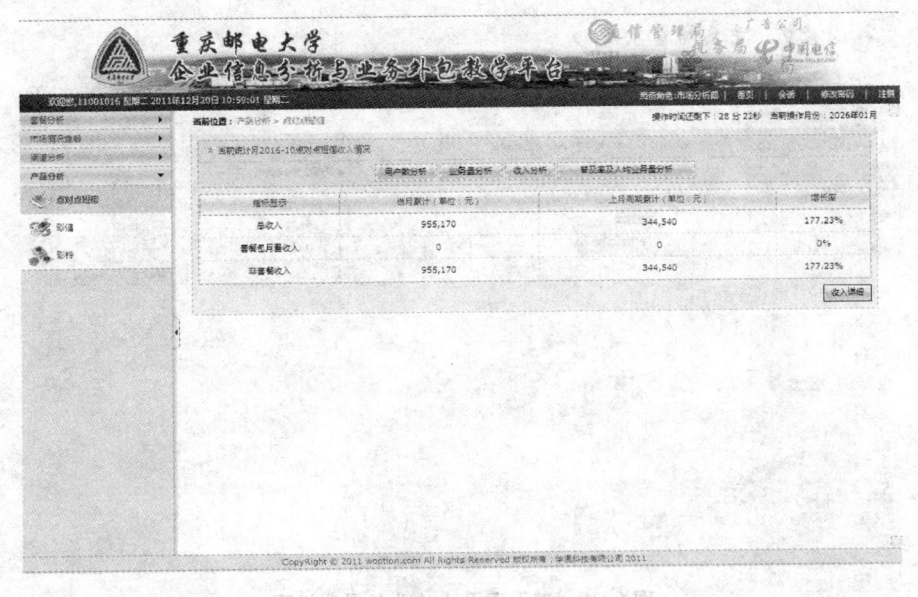

图6-17 收入分析图

点击收入分析,查看收入情况。输入查询的条件可查看同比数据,下载excel,如图6-18所示。

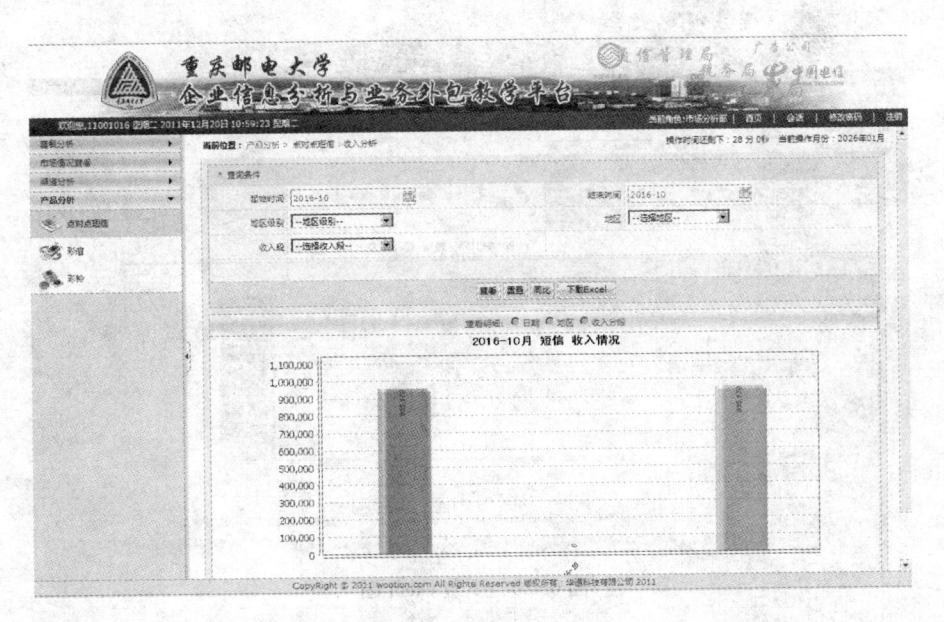

图6-18 下载excel图

点击普及率及人均业务量分析,如图6-19所示。

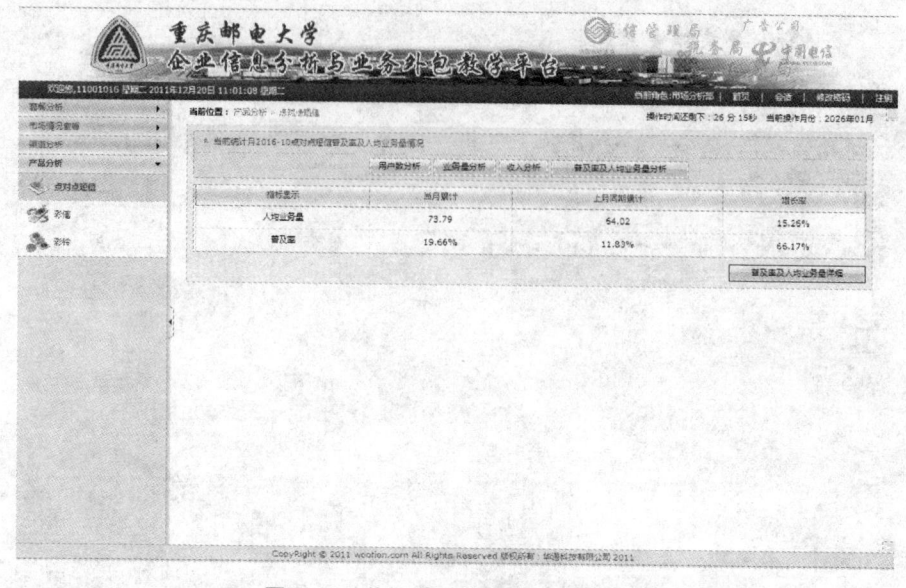

图6-19 普及率及人均业务量分析图

点击普及率及人均业务量分析，查看普及率及人均业务量情况。输入查询的条件可查看同比数据，下载 excel，如图 6-20 所示。

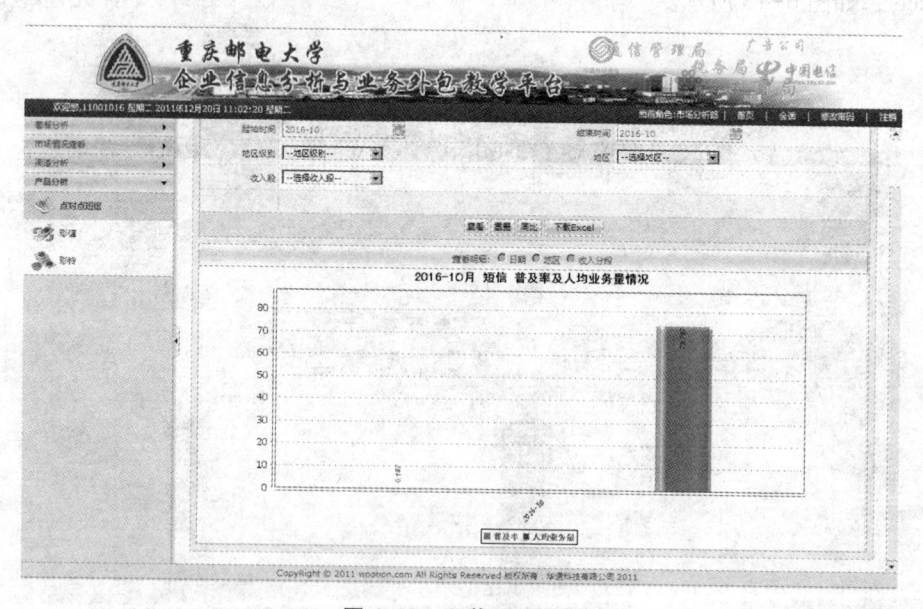

图6-20 下载 excel 图

用点对点短信操作步骤查询彩信、彩铃的情况。
（4）提交市场调研报告。
点击市场情况查看 > 市调报告查询，新建市场调研报告，上传市场调研报告.doc，点击提交，如图 6-21 所示。

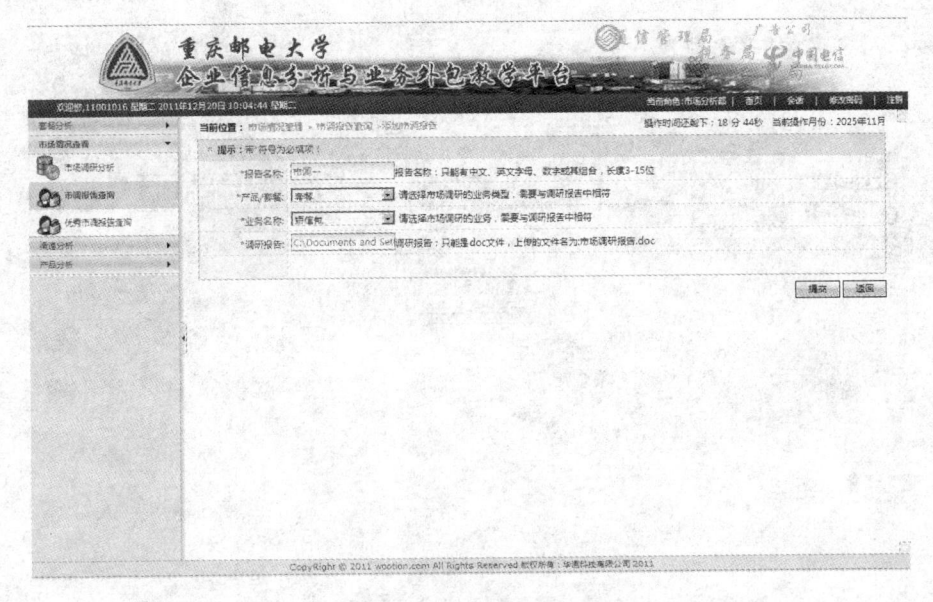

图 6-21　新建市场调研报告

等待教师评分。教师评分并发布为优秀报告后可查看，如图 6-22 所示。

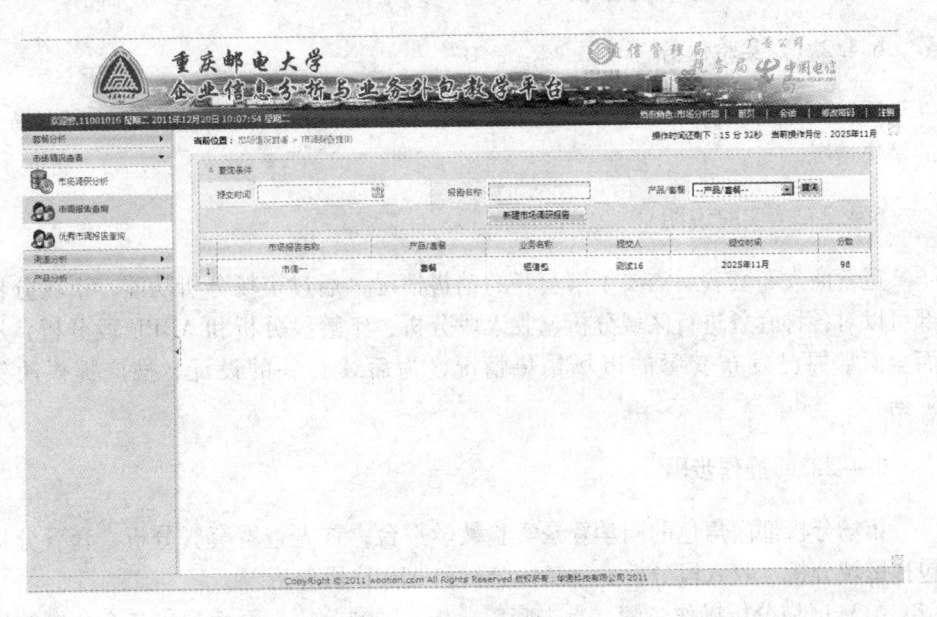

图 6-22　查看优秀报告

点击优秀市调报告查询，下载优秀市调报告，如图 6-23 所示。

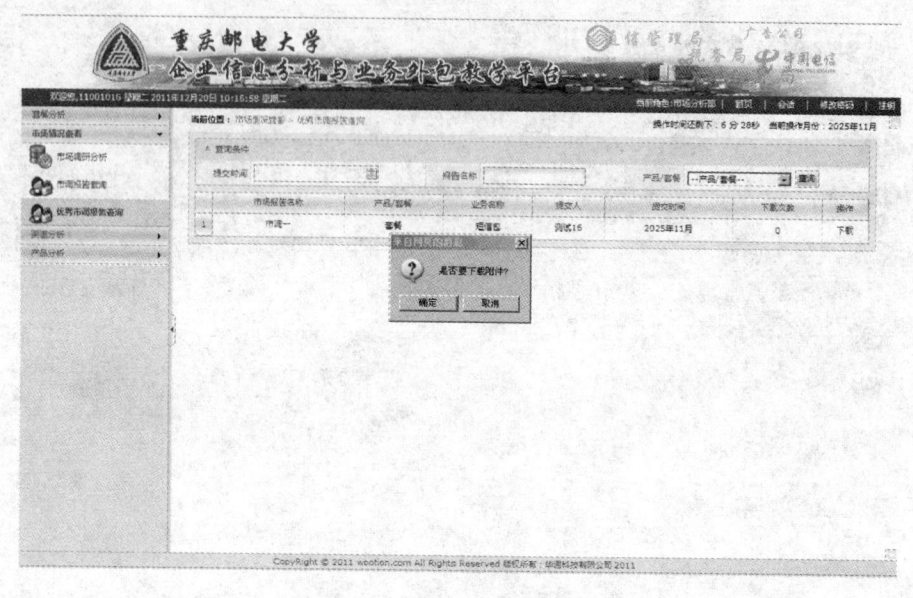

图 6-23 下载优秀市调报告

6.4.2 产品的市场分析

6.4.2.1 实验任务

运营商市场分析部完成对已发布的套餐的市场分析,掌握各种套餐在市场上的销售情况。

6.4.2.2 实验说明

运营商发布套餐后需要了解套餐的销售情况,通过市场分析功能,市场分析部可以对各种套餐进行区域分析、收入段分析、年龄段分析和 ARPU 段分析,从而全面掌握已发布套餐的市场销售情况,为后续套餐的设计、推广提供决策依据。

6.4.2.3 操作步骤

市场分析部门角色的同学登录实验教学平台,首先查看套餐分析。套餐分析包括区域分析、收入段分析、年龄段分析和 ARPU 段分析。

(1) 区域分析操作步骤:点击套餐分析> 区域分析,页面列出各个套餐的用户总数和总收入信息,如图 6-24 所示。

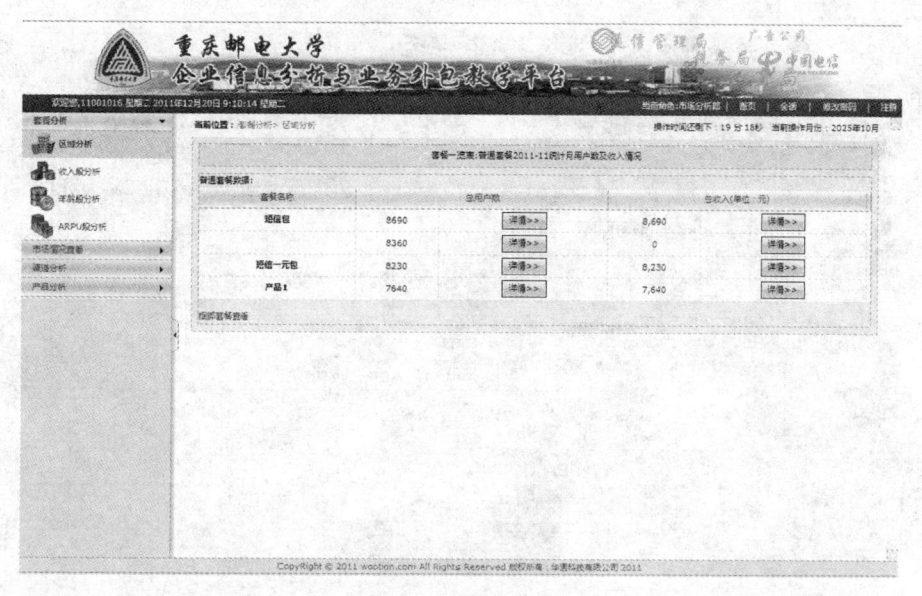

图 6-24 区域分析图

点击详情，查看具体的信息。

可根据时间、地区级别、地区、收入段查询（支持模糊查询），如图 6-25 所示。

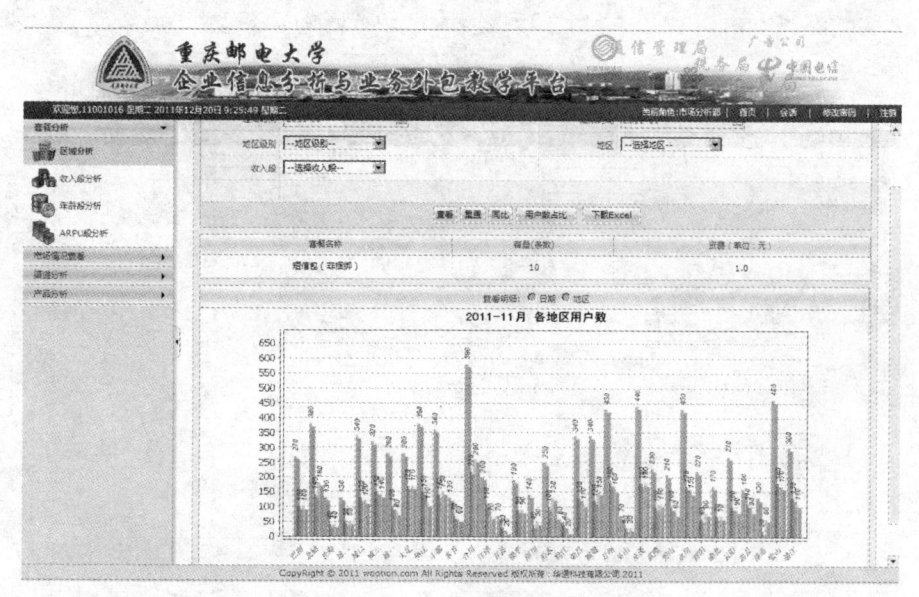

图 6-25 查看具体信息图

同比功能：列出两年同一时期的数据对比。如 2010-11 与 2011-11 产生的套餐数据对比，如图 6-26 所示。

注意：此功能查看设计的套餐需使用一年以上。

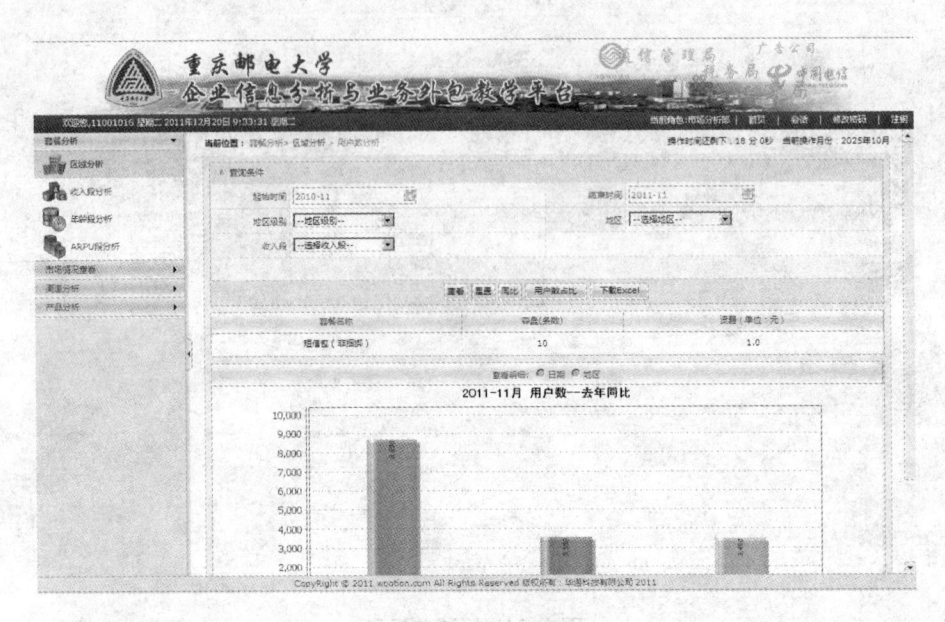

图 6-26 同比图

用户数占比功能：输入查询条件，查看各地区的用户数占比情况，如图 6-27 所示。

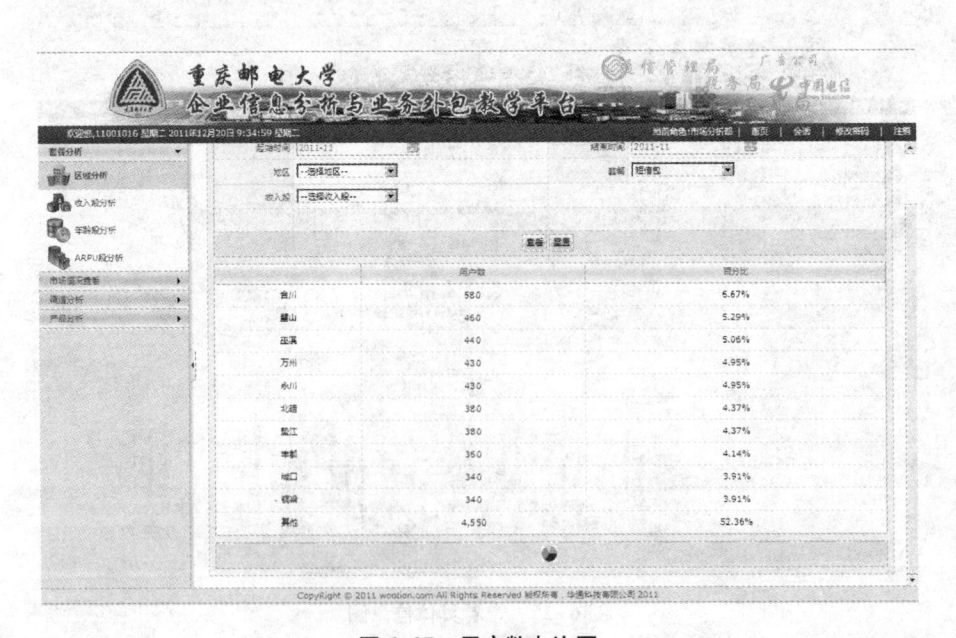

图 6-27 用户数占比图

点击小图标 ，以图表方式显示用户数占比，如图 6-28 所示。

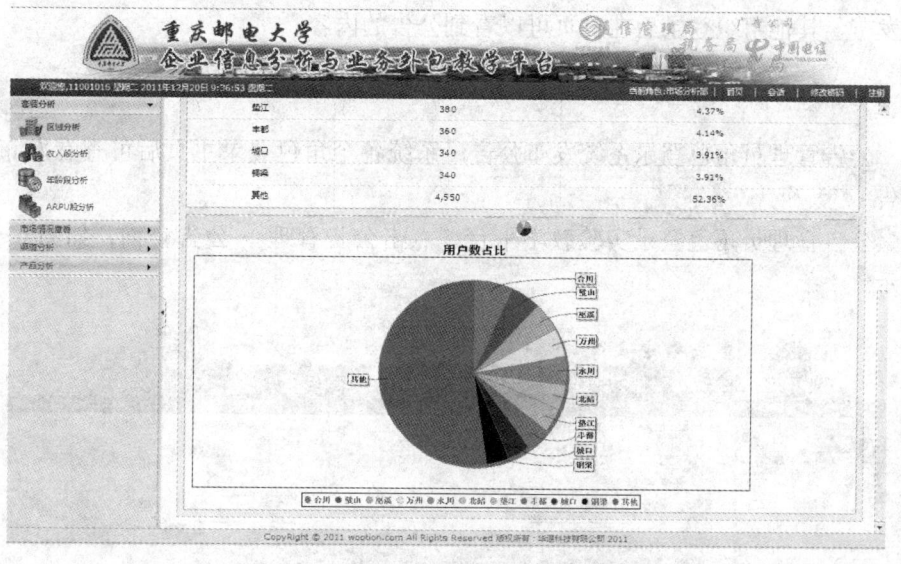

图 6-28　图表方式显示用户数占比图

回到区域分析页面，点击总收入、详情，查看各地区收入情况，如图 6-29 所示。

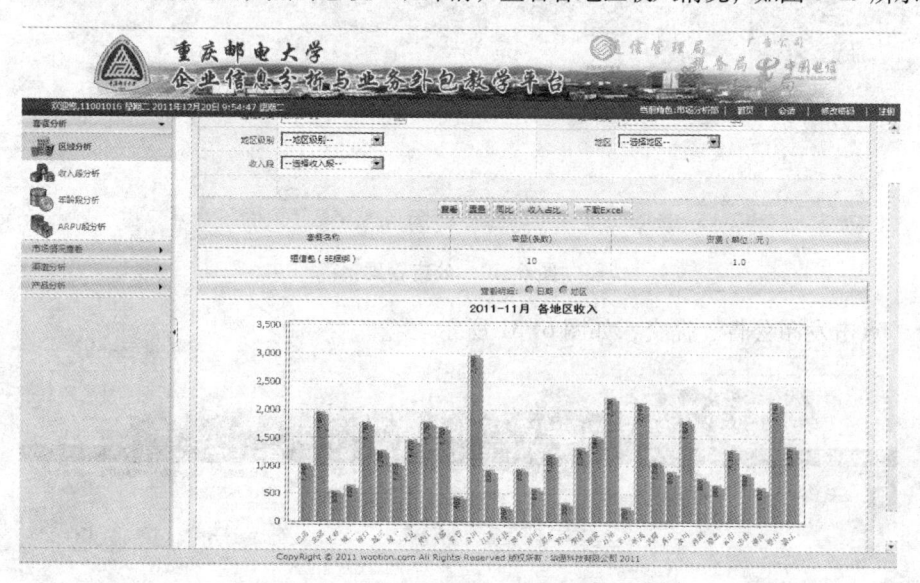

图 6-29　各地区收入情况图

（2）以与查看区域分析同样的方法查看收入段分析、年龄段分析和 ARPU 段分析。

6.4.3　公告管理员发布公告

6.4.3.1　实验任务

公共管理员发布公告。

6.4.3.2　实验说明

当某个运营商或增值业务提供商需要发布公告时，需通过公告管理员进行公告发布。其他组织登录后在首页可以看到公告的内容。

6.4.3.3 操作步骤

公告管理员角色登录系统发布公告，系统各个角色登录主页后可查看发布的公告。

公告管理员角色登录实验教学平台，点击公告管理 > 公告查询，如图 6-30 所示。

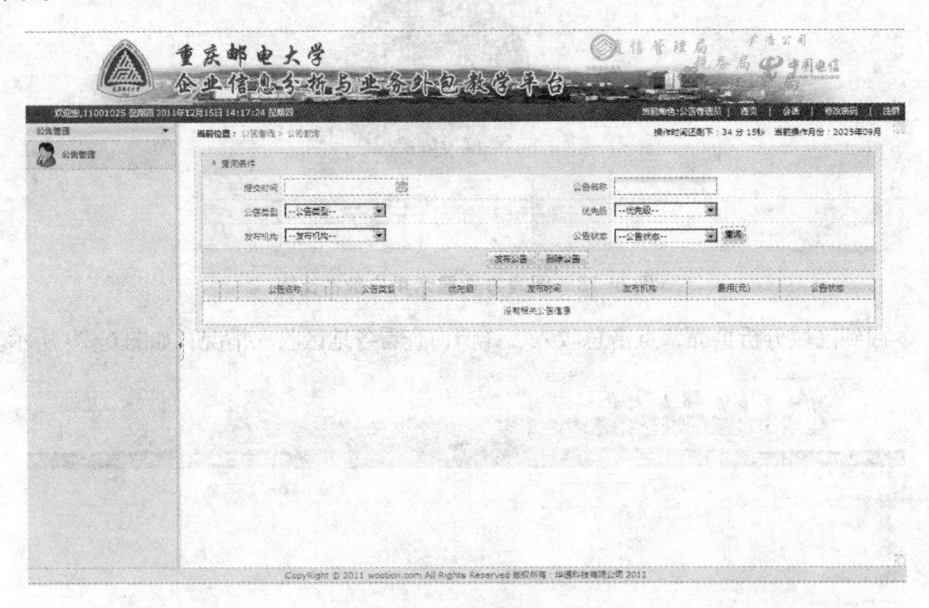

图 6-30　公告管理

点击发布公告、提交，如图 6-31 所示。

图 6-31　发布公告

6.4.4 重大事件的发布和查看

6.4.4.1 实验任务

通信管理局发布重大事件。

6.4.4.2 实验说明

当有不可预测的重大事件发生时，比如地震、海啸、龙卷风等事件，通信管理局负责及时发布并告知运营商、增值业务提供商、设备制造商等组织。这些事件会对市场造成一定的影响。运营商、增值业务提供商、设备制造商等组织可以查看重大事件，并根据事件的影响程度及时调整自己的经营战略。

6.4.4.3 操作步骤

通信管理局发布重大事件。登录通信管理局页面，点击重大事件管理 > 重大事件发布，如图 6-32 所示。

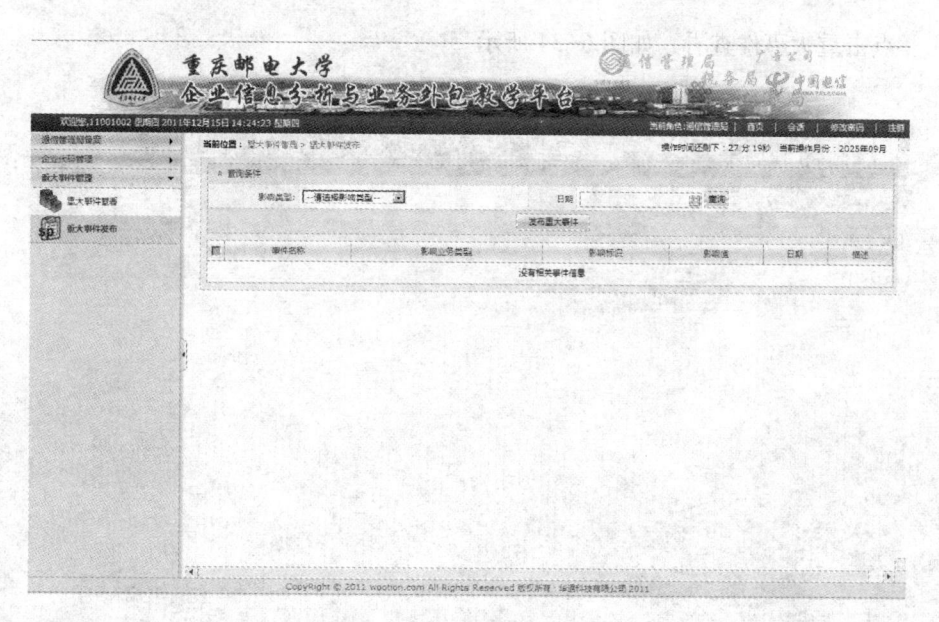

图 6-32 重大事件发布

点击发布重大事件，勾选要发布的重大事件，点击提交，如图 6-33 所示。

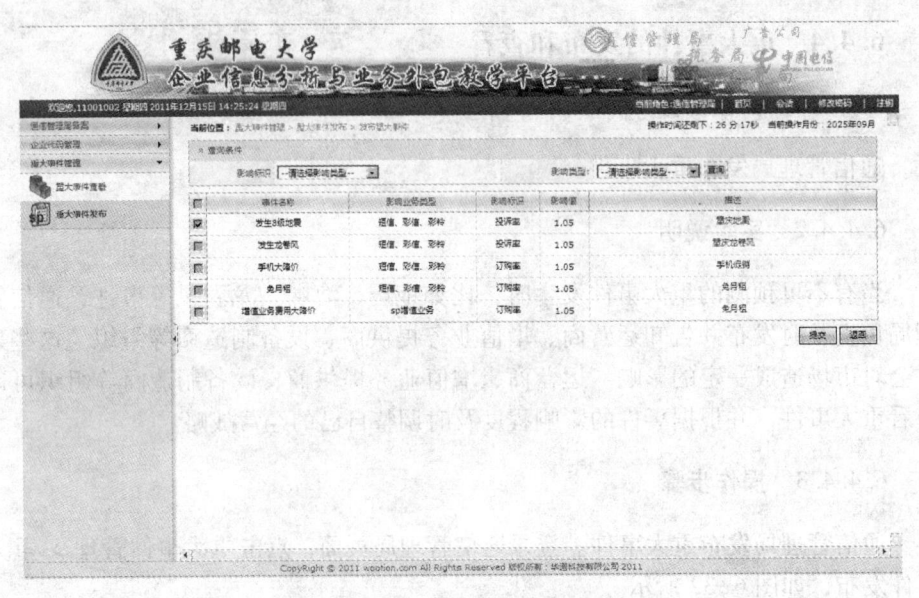

图 6-33 发布重大事件

点击重大事件查看，如图 6-34 所示。

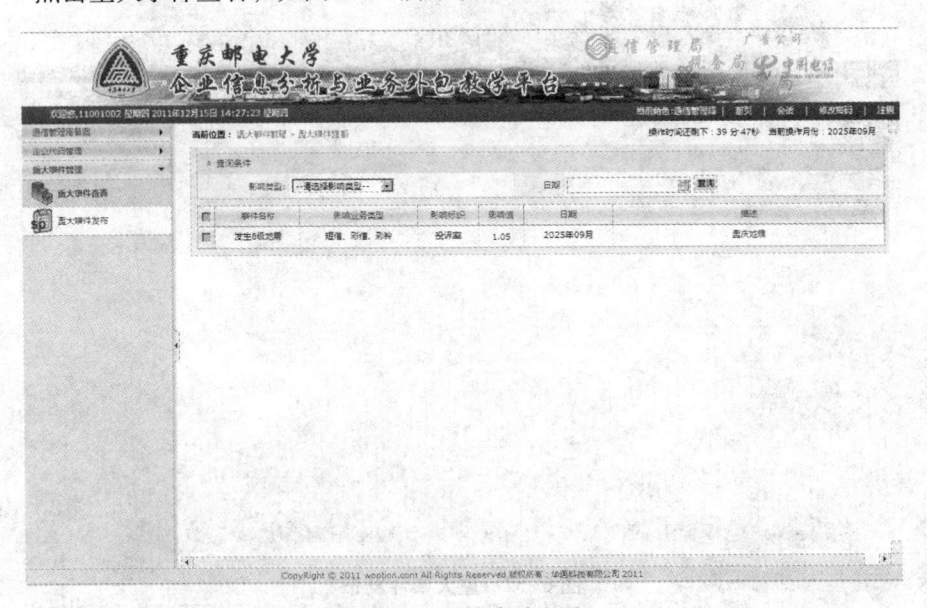

图 6-34 重大事件查看

6.4.5 运营商制定竞争策略

6.4.5.1 实验任务

运营商根据市场调研情况分析制定自己的竞争策略，通过对产品的市场分析，不断改进和完善自己的竞争策略，从而在竞争中赢得胜利。

6.4.5.2 实验说明

从运营策略、产品策略、营销策略、销售区域、客户服务等方面制定合理的竞争策略。

6.4.5.3 操作步骤

(1) 进行市场调研并进行分析。
(2) 制定运营策略。
(3) 制定产品策略。
(4) 制定营销策略。
(5) 制定销售区域策略。
(6) 制定客户服务策略。
(7) 模拟产品运营和市场竞争过程。
(8) 进行产品的市场分析。
(9) 根据市场分析对竞争策略进行改进和完善。

6.4.6 增值业务提供商制定竞争策略

6.4.6.1 实验任务

增值业务提供商根据市场调研情况分析制定自己的竞争策略，通过对产品的市场分析，不断改进和完善自己的竞争策略，从而在竞争中赢得胜利。

6.4.6.2 实验说明

从运营策略、产品策略、营销策略、销售区域、客户服务等方面制定合理的竞争策略。

6.4.6.3 操作步骤

(1) 进行市场调研并进行分析。
(2) 制定运营策略。
(3) 制定产品策略。
(4) 制定营销策略。
(5) 制定销售区域策略。
(6) 制定客户服务策略。
(7) 产品运营和市场竞争过程。
(8) 进行产品的市场分析。
(9) 根据市场分析对竞争策略进行改进和完善。

6.5 问题思考

（1）重大事件对产品业务有何影响？
（2）运营商套餐类业务的运营准备和流程是怎么样的？
（3）如何对产品的市场情况数据进行分析？
（4）如何根据产品业务情况撰写并提交市调报告？
（5）运营商市场之间的对抗关系体现在哪些方面？
（6）整个运营商的市场运营流程以及对业务数据的分析过程。
（7）综合实验中的各个业务流程是怎样的？
（8）如何根据经营分析情况完成自己的套餐业务的下一步策略？
（9）运营商与增值业务提供商之间的关系是怎样的？

6.6 实验报告要求

（1）每人提交一份实验报告，统一用学校提供的 A4 幅面的实验报告册书写或用 A4 的纸打印，如果打印必须有以下格式的表头（见表 6-3）。

表 6-3　　　　　　　　　　实验报告标准表头

实验课程							
实验名称							
实验时间		学年	学期	周 星期	第	节	
学生姓名		学号			班级		
同组学生							
实验地点		设备号			指导教师		

（2）实验的主要内容。
（3）实验的过程和主要的步骤。
（4）实验过程中所遇到的问题及解决办法。
（5）关于该实验的心得体会、意见和建议。
（6）公司竞争策略分析。